知的生きかた文庫

「いまどき部下」を動かす39のしかけ

池本克之

三笠書房

はじめに

「いまどき部下」にどう指示し、任せ、結果を出させるか

組織学習経営コンサルタントとして、多くの企業の相談を受けている私のもとには、ビジネスパーソンの多種多様な悩みの声が届きます。その中でも、もっとも深刻で、いちばん数が多いのが「部下マネジメント」に関するものです。

・部下が何を考えているのか理解できない
・こちらの指示どおりに動いてくれない
・誰にどんな仕事を任せればいいのかわからない

上司の多くが、このような「いまどき部下」に対する悩みを抱えているのです。

その問題を解決すべく、本書では**「いまどき部下を動かすしかけ」**をご紹介していきます。この「しかけ」を活用すれば、いままでの悩みが嘘のように、部下が動いて

くれるようになります。

「いまどき部下」の言動は、上司のみなさんからすると、理解できないものばかりでしょう。

しかし、彼ら、彼女らの考えを分析してみると、「どうしてそんな発言をするのか」「なぜそういう行動に至ったのか」が見えてきます。

その分析をもとに、「いまどき部下」にも安心して仕事を任せられるよう、私が独自につくり上げたのが、本書でご紹介するしかけというわけです。

こういったしかけをつくろうと思ったのは、**最近になって「若者の二極化」が急速に進行している**と感じるようになったからです。

私の会社では、大学生を対象に四年前からインターンシップを行なっているのですが、採用面接の段階で若者のあまりの違いに驚くことがあります。

一方は、自分の将来の目標をしっかり持っていて、そのためにいま何をすべきかも考えたうえで計画を立て、行動に移す若者。これは割合では一割ぐらいです。

残りの約九割は、将来像をまったく持っていなくて、「大企業に入りたい」としか考えていない**超安定志向の若者――いまはこちらのタイプが圧倒的に多い**のです。

前者の若者は、私の学生時代よりはるかに能力があってやる気もあり、グングン成長していきます。あまりにも優秀なので、私のクライアントのビジネスの運営代行を任せているインターン生もいます。彼は自分で商品を売るしかけを考え、すでに売上も出しています。そのうえ、ビジネスで使う契約書を作成して、私にチェックを依頼することもあります。私が指示をしなくても自分から行動しているのです。

彼のような超優秀な人材は、どこの企業でも喉から手が出るほど欲しいので、就職先もあっという間に決まります。

しかし、そんな人材は一〇人に一人いればいいほう。私たちはこれから、九割の超安定志向の若者に対する動かし方・任せ方を考えていかなくてはならないのです。

超安定志向の若者は、決して仕事の能力が低いわけではありません。

しかし、いわれたことしかしないどころか、いわれたこともやらない人が少なくないのです。彼ら、彼女らは仕事をサボっているのではなく、まわりの顔色をうかがいすぎてどう行動したらいいのかわからなくなっているのでしょう。それぐらい臆病なのです。

したがって、**これからは仕事を任せるにしても、いままでの方法では通用しません。**

超安定志向で、臆病ないまの若者に合った任せ方をしなくてはならないのです。

たとえば、「お前を信じて任せるから、やりたいようにやれ」と背中を押す姿は、ほんの少し前まで理想の上司像でした。しかし、超安定志向の若者に対してこれをすると、パニックを起こします。

「やりたいようにやれって、何をすればいいのだろう」と悶々と悩み、「マニュアルはないんですか？」と聞いてくるかもしれません。それどころか、ひょっとしたら次の日から会社に来なくなるかもしれないのです。「期待しているよ」という励ましの一言が過度にプレッシャーをかけてしまい、地雷ワードになる可能性もあります。

みなさんは、知らず知らずのうちに、「いまどきの部下」をつぶしてしまっていないでしょうか？

振り返れば、私は部下の動かし方についてずっと試行錯誤してきました。

大学を卒業してからまずリース会社に入社し、入社二年目で係長になり、最年少で部下たちを束ねなくてはならなくなりました。しかし、当時天狗になっていた私は部下にほとんど仕事を任せず、自分で抱え込む上司だったのです。

その後、保険会社に転職し、自分一人で仕事を回すことに限界を感じ、ようやく部下に任せるようになりました。

社会人になって一〇年目、もともと独立志向だったので、経営コンサルタントとして自分の会社を立ち上げました。ただ、最初はコンサルタントとしての仕事がそれほどなく、薬用化粧品を製造・販売しているドクターシーラボに社長として就任することになったのです。ドクターシーラボは化粧品会社ということもあり、女性社員が多く、そこで女性部下を動かすのに四苦八苦する日々を送っていました。

そして、シーラボを辞めてからネットプライスという通販サイトの社長に就いたのが、三九歳。ネットプライスの社員は二〇代ばかりで、「世代が違うとこんなに考え方が違うものなんだな」と衝撃を受けました。

そのように、職を変え、新たな環境に身を置くたびに、部下の動かし方を考えなくてはなりませんでした。**部下の動かし方は対象や時代の変化に伴い、常にアップデートする必要がある**のです。

いまの若者は「これをやれ」と一方的に命じてもダメ、信じてすべてを任せっぱなしにしていてもダメ。かといって、「自分で考えて行動してくれるだろう」と放っておいてもダメ。あらゆる方法を試して行きついたのが、本書でご紹介する「部下を動かすしかけ」です。

これらの方法は、最新バージョンといえるかもしれません。

いまは世の中の変化が激しいので、今後、また新たなタイプの若者が社会に出てくるでしょう。それでも、この本でご紹介する方法を習得してアレンジしていけば、現場が混乱することはありません。

「いまどき部下」の対応に困っている方に、ぜひ実践していただきたいと思います。

池本克之

目次

第1章 「部下を信じる」だけでは、うまくいかない

第2章

仕事の成否は、「誰に託すか」で8割決まる

第3章

部下がどんどん動きはじめる「任せ方」のルール

第4章 部下のやる気を引き出す「見返り」の与え方

編集協力／樺木　宏・大畠利恵
本文ＤＴＰ／株式会社Ｓｕｎ Ｆｕｅｒｚａ

第1章

「部下を信じる」だけでは、うまくいかない

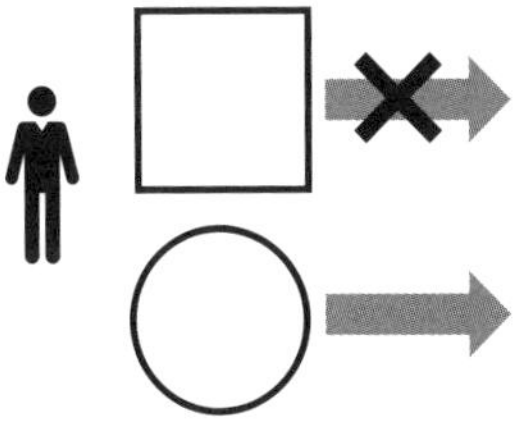

1 いまどき部下の「志向」をよく理解する

数年前から、「部下の動かし方」がテーマの本がたくさん出版されています。

そこでは、

「部下を信じてすべてを任せる」

という方法がよく紹介されています。

しかし、はたして、それでうまくいくのでしょうか？

私には、そうは思えないのです。

「はじめに」でも触れましたが、**最近の若者の気質に気になる変化が表れているから**です。

これは知り合いの社長Aさんから聞いた話です。

Aさんは家庭教師を派遣する会社を経営しています。

家庭教師といえば、先生になるのは主に大学生。Aさんは、「学生のほうが生徒の気持ちも、生徒の親御さんの気持ちもよくわかるだろう」と考え、生徒の親との接客も学生さんに任せていました。

いまの若者はコミュニケーションを取るのが下手だとよくいわれますが、そこの学生さんたちはみんな優秀で、なかでも、飛び抜けて優秀な女子学生がいました。その女子学生は教師としてのレベルも高く、愛嬌もあって生徒のお母さん方からの評価も非常に高かったそうです。

そこで、Aさんは彼女をアルバイトのリーダーにしようと考えました。仕事熱心なので、責任ある立場を任せたら喜んで、いままで以上に発奮してよく働いてくれるのではないか、と期待したのです。もちろん、給料も相当額をアップするつもりでした。

ところが……その話を彼女にした途端、目を輝かせて喜ぶどころか、下を向いて黙り込んでしまったのです。

そして、

「あの、本当にそういう条件でやらないといけないんでしょうか？」

と困ったようにいいました。

「どういうこと？」

とAさんが聞くと、

「もし、そういう条件でやらないといけないなら、私、辞めさせていただきます」

と彼女は答えたのです。

Aさんはびっくりしました。

「えっ？　ちょっと待って。こんなにいい話なのに、どうして？」

と聞きました。すると、

「みんなと同じじゃなきゃ嫌なんです。私だけリーダーっていう役をもらって、みんなより余計にお給料をもらうなんて、やりづらいんです」

というのです。

「……つまり、リーダーになるのが嫌だってこと？」

「正式なリーダーになるのは嫌ですし、お給料がアップするのも嫌です。ただ、いまのままでリーダー的な仕事をするのはかまいません」

Aさんは、ますます訳がわからなくなりました。

リーダー的な仕事をする――つまり、責任が増えるならそのぶん給料も増やしてほしいと考えるのが普通でしょう。

ところが、責任は増えてもいいけれど給料はいまのままがいいと、その彼女は望んでいるのです。

これは、雇う側にとって、考えようによっては悪くない話ですが、はたしてこのままでいいのでしょうか？

真面目で能力も高い。けれども、リーダーとしての仕事を任せようとすると、途端に尻込みする。

そんないまどきの若者への対応に困惑している人は多いでしょう。

いまどきの若者の象徴として「ゆとり世代」だの「さとり世代」だの、あるいは「Z世代」だのといわれています。細かく分ければ、それぞれの世代の特徴は違うのでしょうが、この本は社会学的な見地から「若者論」あるいは「リーダー論」を述べる本ではありません。そこで本書では、**「バブル崩壊後の景気の悪い時代に育った、**

いまどきの若者」のように広くとらえ、そうした若者たちを動かす「しかけ」をご紹介したいと思います。

彼ら、彼女らは、「安定した生活が一番だ」と大人たちから言い聞かされて育っています。そのため、派手な生活とは無縁です。高望みはせず、かなり堅実な生き方をしています。

野村総合研究所が行なった「生活者1万人アンケート調査」では、興味深い調査結果が出ました。「有名な大学や学校に通った方が、有利になる」と答えた二〇代の若者は、男性で五九・三%、女性で五一・七%。二〇〇〇年の同調査では男女とも四〇%台前半でした。

しかも、なんと一〇代の男性は七一・四%が、女性は六七・七%が「有名な大学や学校に通った方が、有利になる」と答えており、学歴をかなり重視しているという結果が出ているのです。

つまり、**いまどきの若者は「超」安定志向になっている**ということ。バブル崩壊後、ライフスタイルの多様化が進み、「いい大学に入れば、いい会社に入って安定した生活を送れる」という価値観が崩れたといわれてきました。

しかし、この調査でそうではないことがわかったのです。

「安定を求めていて、冒険はしたくない」――それが「いまどき部下」全般の特徴だといえるでしょう。これを理解しておかないと、いまの若者をどのように動かせばいいのかも見えてこないのです。

いままでの方法がうまくいかないのは、おそらく「いまどき部下」の特性を理解していないからです。

ただし、いまの若者を「信じるな」といいたいのではありません。相手の人間性を信じることと、仕事を任せるのは別の話。上司がすべきなのは、部下を信じて任せることではなく、結果を出せるような「しかけ」を駆使しながらマネジメントすることなのです。

⚙ 部下は「しかけ」で動かす

2 いまの若者は「出世のため」には動かない

私のこれまでのキャリアについては、「はじめに」でご紹介しましたが、現在私は、組織学習経営コンサルタントとして、大企業からベンチャー企業まで多くの企業にアドバイスをしています。なお、組織学習経営とは私が開発した、自律した個人が学びながら成長し続ける組織を形成するためのメソッドです。それに基づいて、「社員が育たない」「部下が自発的に動いてくれない」といった問題を解決する手助けをしています。

これは私がコンサルティングをしている、とある運送会社での話です。

みなさんだったらどう対応するか考えてみてください。

運送業は力仕事ということもあり、その会社は高卒の社員を多く採用していました。

高卒の社員を直接指導するのは、三〇代の中堅社員です。

以前は、高卒の社員にはやんちゃな人が多く、彼らに仕事を叩き込むという感じで、毎日上司の罵声が飛び交う職場だったそうです。

けれども、「最近の若者は草食系だ」といわれるように、入ってくる高卒の社員はだんだんおとなしくなってきていました。

その結果、いろいろと困ったことが起こるようになりました。

たとえば、こんなことがあったそうです。倉庫での仕事をさせるにあたり、上司は新入社員たちに「この仕事を、こうやるように」と指示を出し、「終わったら、次の仕事を教えるから報告に来るように」と伝えました。

ところが、その後、誰も報告に来ません。一時間ほど経って、簡単な作業だからさすがに終わっているはずだが……と見に行くと、やはりとっくに作業は終わっていたようで、みんなスマホをいじっています。

上司が、「終わっているなら、どうして報告に来ないんだ？」と聞くと、「はい……」と蚊の鳴くような返事が返ってきます。上司は怒鳴りつけたいのをグッとこらえて、次の作業を指示しました。

そして、「終わったら、次はちゃんと報告に来るんだよ」と念押ししたところ、新入社員たちは素直にうなずいたそうです。

しかし、そのあともやはり、誰も報告しに来ません。「まさか……」と倉庫に見に行くと、作業は終わっていて、またさっきと同じように新入社員たちはスマホをいじっています。

「一体なぜこいつらは報告しに来ないのか」――さすがに上司は堪忍袋の緒が切れてしまい、「どうして報告に来ないんだ！」と新入社員たちを叱責しました。すると、なんと**「一応、報告しに行ったんですけれど、忙しそうだったから、話しかけづらくて……」**とビクビクしながら答えたのです。

さて、あなたがこの上司だったら、このあと、どうするでしょうか？

①報告に来なかったことを徹底的に責め、報告の重要性をわからせる
②話しかけづらそうなオーラを漂わせていたことを反省し、今後は話しかけやすいオーラを出すように心がける

③新入社員たちの中でリーダーを決めて報告させるようにする

それぞれの選択のシミュレーションをしてみましょう。

①の場合、現場は大混乱するでしょう。

じつは、この会社の上司は、①を選択しました。上司は仕事を叩き込まれた世代なので、自分がされたように報告の重要性を厳しく教え込もうとしました。「報告に来いっていわれたら必ず来るんだ！」と新入社員たちを責め立てたのです。

しかし……。いまどきの若者は叱られることに慣れていません。

彼ら、彼女らはすっかり萎縮してしまいました。

そして、なんと「報告に行きたくないから、上司が見に来るまで仕事を終わらせず、ゆっくりと作業をしよう」と考え、それを実行したのです。

それを知った上司は、さらに激しく叱りましたが、まったく効果はなし。それどころか、会社に来なくなる社員もいました。

②の場合、話しかけやすいオーラを出すよう努めても、結局、部下は報告しに来な

いでしょう。

なぜなら、いまの若者は、人に対して必要以上に遠慮する傾向があり、**ちょっとでも「忙しそう」だと感じたらもう話しかけるのをためらう**のです。いついかなるときもニコニコしてウェルカムムードを醸し出す上司になるなんて無理です。

となると、ベターなのは、③の選択肢といえます。もっとも合理的なマネジメント法だと思います。

しかし、前項で述べた家庭教師の例のように、誰かをリーダーに決めようとすると、そこで混乱が起きる可能性もあるのです。いまはただ報告をするだけのことであっても嫌がる若者が多く、もし上司が強制的に決めたら、辞めてしまったりするのです。③のような任せ方も通用しないぐらい、いまはマネジメントの転換点に来ているといえます。

ただ、私は若者の行動の中にも光はあるのだと思います。「上司に迷惑をかけたくない」という思いから言い出すことができなかったのなら、それはそれで気を遣える証拠であり、彼ら、彼女らなりの優しさや思いやりの表れでもあります。そういったことがわかれば対処法も考えられます。

いまどきの部下の考えや特徴をよく知る。

やはりそれが重要です。

株式会社クロス・マーケティングが実施した「若手社員の出世・昇進意識に関する調査」によると、今後出世をしたいか、という問いに対して、「出世はしたくないと思っている」と答えたのが一五・八％、「出世にはあまりこだわっていない」が四三・四％。じつに**六割の若手社員が出世を望んでいない**のです。

出世したくない理由の一位～三位は、

一位「ワークライフバランスのとれた生活をしたいから」

二位「責任の範囲が広がるのが嫌だから」

三位「出世をしても給与・年収がそれほど上がらないから」

です。

やはり、責任を取るのを避けているのです。

これは若者が現実を見据えている、ということでもあります。プライベートを犠牲にして働いたとしてもさほど給与は上がらず、その中で**出世しても責任だけが重くなるという世の中の現状を見て「割に合わない」と感じているの**です。

このことは、本書のテーマである「いまどき部下の動かし方」を考えるうえで重要な要素になってくるでしょう。

いままでのように、「真面目にコツコツ働いていたら、いつか報われるときが来る」と諭しても、いまの若者たちには響きません。精神論では若者を動かせなくなったのです。

「合理的なマネジメント」を意識する

3 〝任せられない上司〟の共通点

ここまで述べてきたように、いまどきの若い部下は仕事を安心して任せられない存在なのかもしれません。

ですが、それでも彼ら、彼女らに任せ、動かさないといけないのです。

仕事をうまく任せられない人には、プレーヤー時代に華々しい活躍をしてきた人が多いという特徴があります。

プレーヤーとしてバリバリ実務をこなしてきた人は、たいていの仕事は自分でしてきたので、人に仕事を任せるということに慣れていません。

こういう「任せられない上司」は、「仕事を教えている時間がもったいない」「自分でやったほうが早い」などと思うのでしょうが、それではいつまで経っても部下の動かし方は上達しません。リーダーとして、マネジャーとして成長できないということであり、今後の出世にも響いてくるでしょう。将来の自分のためにも、部下に仕事を任せるスキルを磨くしかないのです。

「任せられない上司」には、いくつかの共通する傾向があります。

●部下が自分よりもいい結果を出すのが怖い

これは、大きな誤りです。

部下が自分より優秀だとしたら、上司の評価はどうなると思いますか。

その優秀な部下を育てた上司として、自分自身の評価が上がります。

たとえば、スポーツの世界で、実力のある選手を育てているコーチが、自分の選手時代に華々しい活躍をしていたかというと、そうとも限りません。それでも、オリンピックでメダルを取れる選手を育てれば、そのコーチのもとには選手が殺到します。

それと同じで、優秀な部下を育成できる上司だと認められた人間には評価が集まるのです。

責任感の有無はさておき、いまどきの若者たちには真面目で能力が高い人も多くいます。若くて有能な部下がいると、上司としては「自分が出し抜かれるのではないか」と不安や焦りを感じてしまうかもしれません。

部下の能力を見抜き、そういった感情を抱くのは、自身のプレーヤーとしての能力が長けているからこそともいえますが、優秀な人材を生かさないのはマネジャーとしては失格といわざるを得ません。

上司は、企業や部署の「全体の利益」を考える立場にいるのです。その部下の能力やノウハウがすぐれていると思うならば、積極的に活用することで部署の成果を向上させるべきでしょう。

もちろん、組織を破壊するような本当に危険な人間には仕事を任せるわけにはいかないのですが、部下に経験を積ませるためには仕事を任せるしかないのです。その前提条件を忘れないでください。

●自分でやったほうがいい結果が出ると思っている

それは、当たり前です。自分より経験が浅く、自分より知識やスキルもない部下がいい結果を出せないのは当然のことです。そんな部下を成長させ、結果を出せるように導くのが上司の役割です。

「自分がやったほうがうまくいく」――こういう思いが強い人は、自分の能力や経験に自信がある、優秀なタイプでしょう。優秀であるがゆえに、まわりにいる部下が自分よりも劣っているように見えてしまうのです。そのため、「部下に任せていては部署全体の成績が落ちてしまう」といった思考になりがちです。

しかし、仮に部下の能力が劣っているとしても、自分一人であげられる成果は一〇〇のまま。それを二〇〇や三〇〇の成果にするのが上司の使命です。それは部下の力を活用しないと実現できません。

会社がリーダーに求めているのは、たった一人で成果をあげることではなく、チーム全体で大きな成果をあげることなのです。

●「部下に嫌われたくない」と考えている

私の知り合いに、毎年夏が繁忙期になる会社の経営者がいます。

それ以外の季節は、彼は普通に社員に仕事を任せています。ところが、夏になるとどの社員も多忙なのがわかっているので、「任せるのは悪いな」と思って、自分でやってしまうのです。

彼は数か月間、自分が大変な思いをすればそれですむ、と考えているのですが、それだと彼の能力だけが伸び、社員の能力は頭打ちになります。そのうえ、自分がパンクしたら、会社がつぶれるかもしれないのです。

彼に限った話ではなく、人のいい上司は部下に仕事を任せたくても任せられないケースが多いようです。

それはおそらく「部下に嫌われたくない」という心理が働いているのではないでしょうか。

しかし、部下に「忙しいのに」と嫌がられたとしても、会社のためには仕事を任せるしかないのです。上司の給料には、部下に仕事を任せ、動かし、成長させる業務に対する対価も含まれているのだということを決して忘れてはなりません。

●「楽をしたい」と考えている

もう一つ、「任せられない上司」の共通点として、「楽をしたい」という考えがあります。

たしかに、人に任せると教えるのに時間がかかりますし、部下が失敗したときはフォローしなくてはなりません。自分が教えたのとは違う結果になるのはしょっちゅうですし、それを注意したら不機嫌になる部下もいます。さらに、任せたぶんだけ上司の責任は重くなる。それを考えたら、一人でするほうが作業的にも精神的にも楽でいられるでしょう。

しかし、それでは組織が成り立たなくなります。

組織が二〇年後も三〇年後も、五〇年後も継続するには、仕事を誰かが受け継いでいくしかないのです。上司は仕事を次の世代に渡すのが役目。あなたもそうやって上司から仕事を引き継いだはずです。

上司から部下へとバトンタッチすることで、組織は続いていきます。仕事は自分のためだけにあるのではないのだと考えてください。

そもそも、楽をしたいのなら、それこそ人に任せるのが「最大の楽」につながります。苦労するのは、ほんの一時だけ。いま、部下に任せることで、将来の「自分の時間」を手に入れられるのです。

任せるのは「将来の自分」のため

4 「プレイングマネジャー」の心得

スポーツの世界では、優秀な選手が必ずしも監督として成功するわけではありません。

たとえばプロ野球で選手兼監督を務めた古田敦也さんや谷繁元信さんも、すばらしいプレーヤーでしたが、監督としては決してすばらしい成果を出したとはいえません。

ビジネスの世界でも、**優秀なプレーヤーが必ずしも優秀なマネジャーになれるとは限りません。**しかし、組織ではやはり優秀なプレーヤーが出世していきますから、リーダーに抜擢されれば、「プレイングマネジャー」としてなんとか結果を出さなければならないのが現状です。

「プレイングマネジャー」という言葉がビジネスの現場でよく使われるようになってから、十数年が経ちました。あえてそのような言い方をするまでもなく、現場の第一線で走りながら部下のマネジメントをするというスタイルは、いまや当たり前になっています。

プレイングマネジャーとして仕事を両立させるためには、プレーヤーとマネジャーの業務をうまく切り分けてこなすしかありません。そのためには「時間をマネジメントするスキル」を身につけるしかないのです。

たとえば、

「一日二時間は部下の指導にあてる」
「午前中は組織管理などのマネジャーの仕事を行ない、午後は代理店開拓などのプレーヤーの仕事に集中する」
「部下とのミーティングは一六時から一八時の間だけ。その代わりプレーヤーとしての仕事は一六時までに終わらせる」

という具合に。

自分の時間をプレーヤーとマネジャーに切り分けるルールをつくるのです。

時間で切り分けるルールはわかりやすく、コントロールしやすいというメリットがあります。プレーヤーとマネジャーそれぞれの仕事の量と内容を考慮しながら、両方の仕事をスムーズに行なえるように時間を割り振れば、比較的簡単に、確実に実行できます。

それ以外の解決策としては、やはり部下に仕事を任せることです。

私は、新卒で入社したリース会社を辞めたあと、生命保険会社に転職し、代理店を開拓する部署に配属となりました。

そこには何千万や何億という利益を稼ぎ出すスーパーセールスマンの人たちがいましたが、その人たちがマネジャーとしても優秀か、フィットしていたかというと、ほとんどはそうではありませんでした。

保険会社では、成績がいいセールスマンは独立して代理店になれる制度があります。代理店の社長となると個人事業主でもあるので、人を雇って仕事を任せなければ仕事が回らなくなります。

しかし、スーパーセールスマンだった人は、自分一人ですべての業務をこなそうとしてしまうのです。

いままでどおりに営業もこなしながら、事務作業も資料の管理なども、すべて自分だけでやろうとしてしまいます。しかも、自分以外のセールスマンを育てようとしません。いや育てる余裕がないのです。

そもそも保険業は紙の資料が多いので、その管理は大変です。独立しても一人では管理しきれずに、何かあるたびに元の会社に行って、「あの保険の約款、どこにあったっけ?」などと事務の担当者に聞いて、準備してもらったりしていました。それだと結局、会社に勤めていたときと状況が変わりません。

自分の事務負担が増えて、営業としての活動量が減るから売上が落ちる。結局、元の会社に社員として戻るスーパーセールスマンを何人も見てきました。

本来、**プレーヤーとマネジャーは「別人格」といっていいほど、その求められる役割はまったく違う**ものです。業務も異なりますし、メンタル面で求められるものも違います。同時にこなすほうが至難の業なのです。

ですから、本当は、経営者が社員にスーパープレーヤーのままでいてもらうのか、マネジャーになってほしいのかを考えなくてはなりません。マネジャーになってほしいのなら、**プレーヤーからは引退してもらうぐらいの覚悟を経営者側が持たなければいけない**のだと思います。

それができないのなら、せめてプレイングマネジャーとしての心得を社員に伝えて、取り組み方を考えてもらうしかないのではないでしょうか。

プレーヤーとマネジャー、どちらにどれだけ比重をかけるのかは部下の人数によっても変わるので、ケースバイケースではあります。

ただ、どういうケースであっても、プレーヤー業とマネジャー業を同時進行するのはかなり難しいでしょう。一対九、三対七と比重は変わったとしても、プレーヤーの仕事をしているときはプレーヤー、マネジャーの仕事をしているときはマネジャーに集中するようにしないと、両立どころか両方ダメになってしまう可能性もあるのです。

ここで気をつけなくてはいけないのは、

「マネジャーの仕事を部下に任せてはいけない」

「プレイングマネジャー」の2つの心得

① 自分の時間を「プレーヤー」と「マネジャー」に分ける

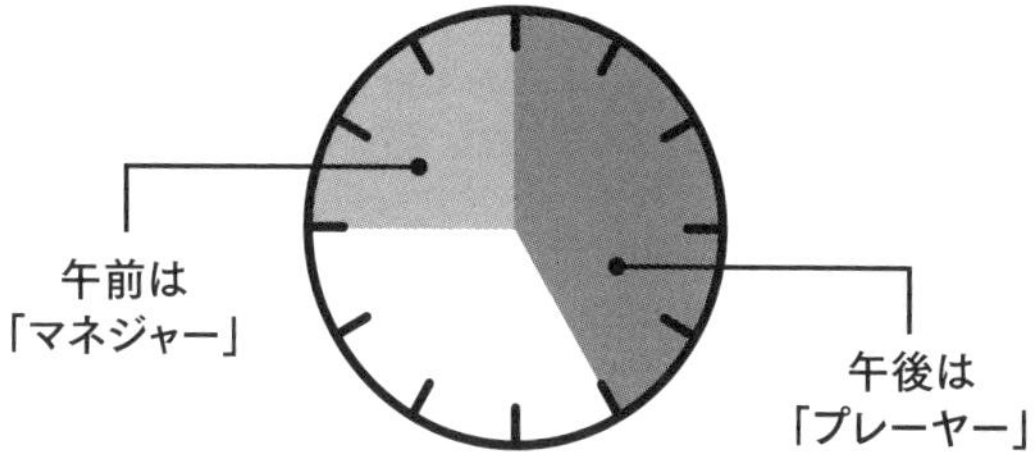

② 部下には「プレーヤー」の仕事のみ任せる

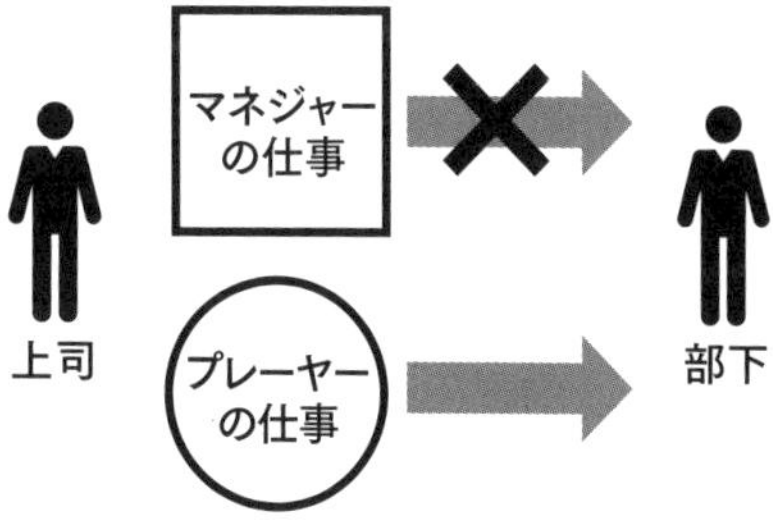

ということ。なぜなら、会社からマネジャーとしての役割を任されているのは上司だからです。

たとえば、次の仕事はマネジャー自身がしなければいけないことです。

・チームの目標や方針の決定
・全体的なスケジュール管理
・仕事の割り振り
・最終的な意思決定
・最終的な責任を負うこと

こういった仕事を部下に任せると、現場は混乱します。

マネジャーの仕事は誰にでもできる業務ではありません。会社は上司の能力を見込んでマネジャーとしての役割を任せ、その対価として給料を支払っています。だから、マネジャーの仕事は自分でやるしかないのです。部下に振るのであれば、プレーヤーの仕事のほうです。

もしも、それができないなら、マネジャーを降りてプレーヤーとしてやっていきたいと会社に交渉するしかありません。

プレーヤーとしてもマネジャーとしても中途半端だと、会社にも周囲にも迷惑をかけることになります。

「プレーヤー業務」と「マネジャー業務」を分ける

5 結果を出す人の「任され⇕任せ」サイクル

仕事ができる人のところに仕事が集中するのは、なぜでしょうか。

それはおそらく、どんなに忙しくても「いまは他の案件で手いっぱいで……」などと「忙しいこと」を言い訳にして断らずに、快く引き受けるからでしょう。しかも、その仕事をきちんとこなすので、あの人ならなんとかしてくれる、という絶対的な信頼も集まります。

ただし、どんなに優秀な人でも一人でこなせる仕事量には限りがあります。

だから、人に任せるのです。

仕事ができる人は、任された仕事を他の人に任せているのです。そして余裕をつくり出し、そこにまた新たな仕事を入れていくのです。そのサイクルを上手に回しているので、常に仕事が途切れません。さまざまな仕事が舞い込んでくることで、結果も出すことができるので、出世やキャリアアップにつながっていくのです。

こういった**「任され↕任せ」のサイクル**はいいことずくめなのです。

私が保険会社に在籍していたときの先輩も、任され上手であるのと同時に、任せ上手でした。

先輩とともに働いていた職場は、代理店営業部だったので、営業成績は、いかにいい代理店（大きな代理店）の担当になれるかでほぼ決まります。

いい代理店を担当していた前任者が昇格する、転勤するなどで代理店を手放すとき、たいていは前任者が次の担当者に代理店の割り振りをします。大きな代理店を持っている人と仲よくしていれば、自然と大きな代理店が自分の担当先になるわけです。

その先輩はいつも大きな代理店を任されていました。どんな要望でも断ることなく引き受けていたので、上司からも代理店からも信頼されていたのです。

ただ、大きな代理店だけにかかりきりになると、新規の案件は増やせません。

そこで、先輩は自分が開拓してきたけれど、いまいちな代理店はどんどん人に振り分けていました。入社したばかりの社員（私です）に「まだ代理店持ってないよな？

代理店を三つ任せるから、頑張ろうな」などといって任せて、自分のキャパシティを空けて、次の大きな代理店を引き受けるのです。

それだけだと割に合わない仕事を丸投げしているように感じますが、先輩は「こういうのは相性ってもんがあるから、お前ならもっとうまくやれる可能性がある」といって任せます。いわれた側は、その言葉を信じてやってみようという気になるのです。そして、その先輩は、何かあったときのフォローも忘れない人だったので、その先輩に仕事を任されて不満を抱いている人は、私が知る限りいませんでした。

「抱えきれない仕事は断ったほうがいい」

こういう意見も多く聞きます。ですが、それは自分一人で抱え込む場合の話です。先輩は自分が仕事を頼まれ、キャパオーバー気味になると、部下や同僚だけでなく、ときには上司や直属でない仕事のスタッフにさえ、「この仕事をお願いしたい」と任せていました。

普通なら反感を買いそうですが、そうならないのが先輩の手腕です。

「これ、もう自分の手に負えないからお願いしたい」「あなたなら、私よりうまくで

「任され↔任せ」サイクルで仕事を広げる

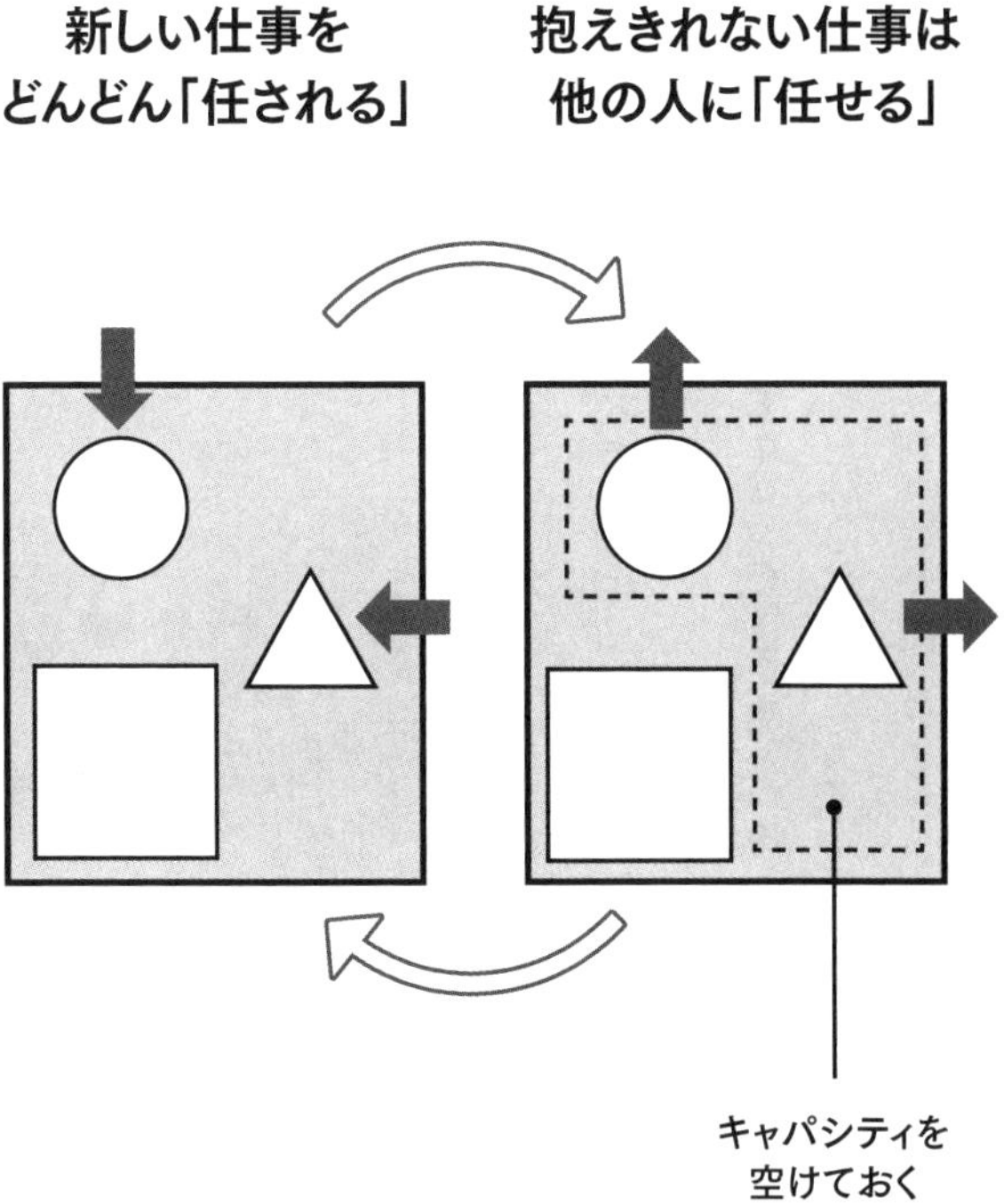
新しい仕事を
どんどん「任される」
抱えきれない仕事は
他の人に「任せる」
キャパシティを
空けておく

きるから」「できた？　いや、さすがだ。本当に助かります」といった具合に、感謝や褒め言葉を忘れないので、まわりはすっかり乗せられ、動かされてしまうのです。

こうして「周囲をうまく巻き込む」ことで、任された仕事をうまく処理していました。

自分一人で抱えきれない仕事は、人に抱えてもらう――。それが、この先輩の信条であり、やり方でした。

任され下手の人は、いつでも自分一人で仕事を抱え込んでいてキャパがないので、任せてもらえなくなるのです。

任され上手の人は、引き受けた段階で瞬時に、「自分がすべきか、人に任せるべきか」を決めています。自分にしかできない仕事など実際にはそれほどないものです。むしろ得意な分野は得意な人に動いてもらったほうがいい場合もあります。

自分でやっても人に任せても大差ない仕事ばかりやっていては、自分の仕事が広がらないし成長もしません。

最終的な仕上がりなどのチェックをしっかりすれば、「仕事を丸投げしている」とは思われないでしょう。任された人も新しい経験を積めるので、組織にいい循環が生まれます。

そんな「任され↕任せ上手」になるためにも、このあとの第2章以降でご紹介する部下の動かし方をぜひマスターしてください。

抱えきれない仕事は、人に抱えてもらう

第2章

仕事の成否は、「誰に託すか」で8割決まる

6 「任せる人を間違えている」会社の成長は遅い

第1章で、いまの若者には、これまでの「任せ方」が通用しなくなってきている、ということを述べました。

しかし、それでもリーダーは若い部下たちに仕事を任せなければなりませんし、また、前述したように、いまどきの若者たちは基本的に根は真面目で、彼ら、彼女らの中には、能力が高い人もたくさんいます。そういう若者に仕事を託すためにも、任せるのをあきらめてはならないのです。

とはいえ、「任せる人」を間違うと、仕事はうまくいきません。

「任せる人」を間違えるとどのような弊害が起こるのでしょうか。

●時間の浪費

誰もが仕事を一度で覚えられるわけではありません。

しかし、いまどきの若者は無理に頑張ることをしないので、覚えるのが難しそうだと、「やーめた」と簡単に投げ出す傾向があります。しかも、それを悪いことだと思っていません。

時間をかけて教えた挙句、「やーめた」といわれてしまっては、効率が悪いし、時間の無駄としかいいようがありません。

だから、「何度指導しても覚えない若者にはその仕事を任せなければいい」という結論になります。何度も教えないといけない仕事は任せず、一、二回教えればできる仕事だけをやってもらえばいいのです。

なかなか覚えてくれないけれど「いつか覚えてくれるだろう」と期待しているのなら、甘い、といえます。いまどきの若者は、あなたの想像以上にドライです。彼ら、彼女らの中には、人の期待に応えたいという思いをあまり持っていないタイプが多いのです。

●トラブルの増加

いまの若者の中には、自分中心に考え、上司やチームに迷惑をかけてはいけないという考えをあまり持っていない人も多くいます。

そういうタイプは仕事が納期に間に合わなくても、事前に相談することもなく、「頑張ったけれど、間に合いませんでした」と、しれっと答えたりします。まわりの人も、その段階ではフォローのしようがないのです。

そこで「どうして相談しなかったんだ！」と問い詰めたところで、おそらく時間の無駄でしょう。そういうタイプは次も同じことを繰り返す可能性大です。

したがって、まわりに被害が及ばないような簡単な仕事を任せるか、間に合わなかった場合を想定して、締め切りをものすごく早めに設定するぐらいしか防ぐ方法はありません。

●チームワークの悪化

いまどきの若者は、争い事を好まず、穏やかな人間関係を求めています。

「それなら問題ないじゃないか」と思われるかもしれませんが、かといって、ディープな人間関係を求めているわけでもありません。当たり障りのない付き合いで満足しているので、必要以上にまわりの人と関わろうとしません。

おそらく、いまの若者には一人っ子が多いので、彼ら、彼女らは人と深く付き合う環境で育ってこなかったのでしょう。

そんな態度に困った上司が親睦を深めようと、「今夜、一杯飲みに行くぞ」と誘っても、迷惑そうな顔をする若者も多いでしょう。

彼ら、彼女らは終業時間が来たら仕事は終わりだと割り切っているので、プライベートを犠牲にするのを好みません。

そこで、「なんだ、生意気なやつだ！」と思ってしまうと、チームワークは悪くなる一方です。

人と深く関わるのを避けている相手とは、深く関わらなければいい。チームで仕事をするときも、コミュニケーションをあまり取らなくてすむ仕事を任せるなど、本人の負担を減らしたほうがチームの雰囲気はよくなるでしょう。

「任せる人」を間違えている会社では、「なかなか生産性が上がらない」「どんなに頑張っても目標が達成できない」など、さまざまな問題が発生します。そういう場合は、次項で紹介する「任せてはいけない人」の特徴も参考にしながら、誰に任せるべきかを考え直してみる必要があります。

「任せるべき人」を決めておく

7　こんな人には「任せない」

それでは、ここで「任せてはいけない人」をタイプ別に分けてみたいと思います。
これは、いまどきの若者に限らず、全世代に共通することでもあるでしょう。
みなさんのまわりにも、こんな人たちがいるのではないでしょうか？

●チームの成長を邪魔する人

たとえば新商品が売れなかったとき、「最初から、流行らないと思っていた」「マーケティングの仕方が悪かったんじゃないですか」と言い訳をして自分で責任を取ろうとも、自分で問題解決をしようともしない人。いわゆる批評家タイプです。

なんとか打開策を練ろうとしている人たちに、「そんなことをやっても意味がない」「いまさら遅い」などと、水を差すような発言をするので、チームのモチベーションはダダ下がり。チームのやる気を奪ってしまうのが、このタイプの特徴です。

こういうタイプに努力の重要性をわからせるのは、それこそ無駄な努力でしょう。

●「全体思考」ができない人

いまの若者に限らず、「指示待ち人間」は大勢います。

このタイプは、いわれたことだけをやっていればいいと思っています。しかし、そこを責めてもしかたありません。「全体思考」が欠けているので、変われないのです。

全体思考とは、チーム全体や部署全体、さらに企業全体を俯瞰して見る思考のことです。物事を自分中心で考えるのではなく、「いま、チームから求められている自分の役割は何か」という具合に、全体から個人の取り組みを考えることです。

会社組織というのは、各々の部署がバラバラで成り立っているわけではなく、歯車、という言葉はあまり使いたくありませんが、どこかの歯車が回るとそれに応じて次の歯車が回るというようにつながっています。多くの仕事は、自分たちのやっている仕事だけで完結するわけではないのです。

自分たちのやった仕事が次の部署でどういう工程をたどるかを知れば、たとえば、資料づくり一つとっても、次の部署で活用しやすいようなデータに加工しておく、あとからデータが必要になったときに共有しやすいようにしておくなど、仕事にひと工夫加えることも可能になります。全体思考は仕事に工夫を生むのです。工夫こそ、仕事力の源です。

しかし、いわれたことをやっていればいいと考える人にとって、全体思考を持つのは容易ではありません。トレーニングしだいでできるようになるかもしれませんが、正直、指示待ち人間にはあまり期待しないほうがいいでしょう。

●「人間性」に問題がある人

ここでいう「人間性」というのは性格や人柄ではなく、「仕事に対する適性」といったほうがいいかもしれません。これもいまの若者だけでなく、あらゆる世代の人に当てはまるものです。やる気がなくて仕事をサボるような人、言い訳ばかりしている人、すぐに仕事を投げ出す人、人を見下す人……などがその一例です。

たとえば、人を見下す人は、自分に過剰な自信があるのかもしれません。そういう人は、自分が困ったとしても上司や仲間の協力を仰がず、意見を聞かないので、結局、遠回りをすることになってしまいます。

また、会社の悪口や上司の陰口をいう人もNGです。

私は、コンサルティングを引き受けている会社に「社内の人間の悪口や陰口をいわない」「まわりの人の成功を喜ぶ」といったことを「会社のルール」にするよう指導することがあります。

「そういうことは、会社のルールとして定めることではないのでは？」と思うかもしれませんが、私はルールとして決めるべきだと考えています。

なぜなら、「会社の風土」をつくることに大きく関わるからです。

規模にかかわらず、社員が頻繁に陰口を叩いているような会社は社内の雰囲気が悪く、業績も悪化していきます。陰口が多いのは、社員が会社に対して不満や不信感を抱き、信用していないからです。それが会社の風土になってしまったら最悪です。会社には閉塞感が漂い、イノベーティブなことを一切できなくなるでしょう。それは会社の衰退を意味します。

そうなるのは会社側にも問題があるとは思いますが、会社の方針や仕事のやり方に対して不満を抱いているなら、会議やミーティングなどで伝えればいいだけです。みんなの前でいいづらいのだとしても、直属の上司になら訴えられるでしょう。

それをしようとしないで文句ばかりいっている人に、信頼して仕事を任せられるでしょうか？

●三回以上同じ失敗を繰り返す人

誰でも失敗をするものですし、同じ失敗も二回繰り返す程度なら、「ついうっかり」ですますことはできます。しかし、三回以上繰り返す人は失敗を真剣にとらえていませんし、何も対策を講じていないことになります。

たとえば報告書のデータに入力ミスがあったとします。

同じ失敗を繰り返さない人は、入力したあとに何度もチェックできるよう時間を配分したり、自分の目だけでは信用できないと考え、仲間にも目を通してもらったりしてダブルチェックをするなどの対策を練るでしょう。

ところが、対策を講じない人は、「次から気をつけよう」と思うだけ。仕組みをつくらずに心構えだけでなんとかしようというのは、何も対策を取っていないのと同じなので、同じミスを繰り返すのです。

こうした、同じミスを繰り返してしまう人は、「能力」よりも「思考」を鍛える必要があります。データを打ち間違えないように努力するのではなく、打ち間違えることを前提にそれに気づく仕組みをどうつくるのかを考えなくてはならないのです。

しかし、思考を鍛えるのは、なかなか骨の折れる作業です。ですから私は、同じミスを何度も何度も繰り返してしまう人には大きな仕事を任せず、限定的な仕事しか任せないようにしています。

●責任感のない人

「責任感」については、第1章でもお話ししました。いまの若者には責任感のない人が多い、と。正確にいうと、「責任感のない人」ではなく、「責任を取りたくない人」

といったほうがいいのかもしれません。

こういうタイプは、面倒なことを嫌います。プロジェクトを任されるのは全力で避けますし、任されても平気で頓挫させたりします。他の人に尻拭いをさせてもおかまいなしなのです。

そのうえ、「これをやっておいて」と頼んでも、やろうとしません。上司がどんなに言い聞かせても、口では「わかりました」といって、行動を改めようとしないのです。こういうタイプを教え育てるのは至難の業です。

とはいえ、会社にいる人材は有限です。責任感のある人だけで仕事が回せるほどの余裕はありません。

そのためにも、**なるべく任せられる人を厳選して「大きな仕事」を任せ、任せられない人には全体に影響のない「小さな仕事」を任せる**。これがベターでしょう。

任せられない人には「小さな仕事」をさせる

8 仕事を「任せるに足る人」三か条

前項で「仕事を任せてはいけない人」の特徴をあげましたが、それぞれの特徴を裏返せば、それは「仕事を任せるに足る人」になります。

加えて、私がいままで多くのビジネスパーソンを見てきて、「この人には仕事を任せられる」と考える人には三つの特徴があるので、それをご紹介しましょう。

①任されることで成長できる人

スタンフォード大学心理学教授キャロル・ドゥエックによると、世の中には、「成長型マインドセット」を持つ人と、「停滞型マインドセット」を持つ人がいるそうです。

子どもたちにチャレンジングな課題を出すという実験をしたとき、子どもたちはこの二つのタイプに分かれました。

「挑戦するのが大好き！」「わかることがおもしろい！」と喜んで課題に取り組んだ子どもは、成長型マインドセットを持っているタイプ。一方、「嫌だー」「面倒くさい」という反応を示した子どもは、停滞型マインドセットを持つタイプになります。

　成長型マインドセットを持つ子どもは、自分の能力は努力しだいで伸ばせると感じているので、積極的に学ぶことに挑戦するのです。彼らは「まだ、これからだ」という状態を喜びます。停滞型マインドセットのタイプは、努力を無駄だと考え、新しいことを学ぶのを避けます。「いまのままでいい」と考えているのです。

　この傾向は、子どもだけでなく大人にも当てはまります。

　この項目のテーマに引きつけていうと、**任せられるのは、もちろん「成長型マインドセット」を持っている人**です。

　このタイプは、任せられた仕事をどうやればいいのか、どうすればうまくいくのか、積極的に考えたり、勉強をしたり、実践したりします。いまどきの若者の中にも、そういうダイヤモンドの原石もいますから、見つけ出すしかないでしょう。

また、若い人ならではの発想を提案できる人も、成長できる人です。

一つの会社で長く働いていると、新しい発想が生まれづらくなります。ベテラン社員の保守的な考えを打ち破るように、たとえば、「その会議、無駄だからやめませんか。代わりにこうしませんか?」「紙ベースの資料づくりは時間もかかるし、保管も面倒だからペーパーレスのこういうシステムをつくったらどうですか?」などと提案できるのは貴重な人材です。

いまどきの若者は、何より効率性を重視するので、そこに彼ら、彼女らの独創性を見出せる可能性も大いにあるのです。

②任されるストレスに耐えられる人

どんな仕事でも、任された以上は「責任」が発生します。

どんなに忙しくても締め切りは守らなくてはならないし、求められている水準の仕事をしなくてはなりません。そこには少なからずストレスが生じるでしょう。

私は、大学を出て最初に入社した中堅のリース会社で、資金調達部門に配属になりました。都内に配属されるだろうと思っていたら、神戸出身だったこともあり、いきなり「大阪で資金調達をやれ」といわれました。配属された部署には課長が一人で部下は私一人だけだったので、最初は右も左もわからず、途方に暮れたものです。

けれども、これから勉強をしてレベルアップすればいいのだと、すぐに思考を切り替えました。幸い、課長にはさまざまな仕事を任せてもらえました。

銀行との折衝の場にはいつも課長に同行・同席することができたのもプラスでした。何度も通ううちに、ある銀行の融資担当の人と親密になり、草ラグビーのチームに誘われたのです。

ラグビーの経験？　まったくありませんでした。ただ体力はあったのでチームに参加し、とりあえずボールを持ったら前に進むという感じで、がむしゃらに走り回りました。

この草ラグビーを通じて他業界の人たちとも接点ができ、食事会や勉強会に誘ってもらえるようになりました。さまざまなことを勉強する機会に恵まれ、人脈も広がりました。

私は仕事を任されることで大きく成長することができましたが、いまの若い人が、私と同じような環境に放り込まれたら、耐えきれずに逃げ出すのかもしれません。繰り返しますが、**どんな仕事でも、任された以上は「責任」が発生する**ので、必ずストレスがかかります。

いまの若者は、ストレスに弱いといわれています。

しかし、二〇代の日本人アスリートには、世界で大活躍している人もたくさんいます。彼ら、彼女らは、大きなプレッシャーがかかる場面で自分の実力を発揮できるメンタルを持っています。

こういった〝原石〟を見つけ出して磨くのが、リーダーの役割です。

プレッシャーに強いタイプの人間かどうかを見極める方法はシンプルで、「おもしろい」「楽しい」「なんとかします」という前向きな言葉を普段から使うかどうかです。

逆に、プレッシャーに弱い人間は、「どうしましょうか」「無理だと思います」「なぜ私が?」「どうしてもというならやりますが」というようなネガティブな発言が多いタイプです。

仕事を任せていい人の3つの条件

① 任されることで成長できる人

② 任されるストレスに耐えられる人

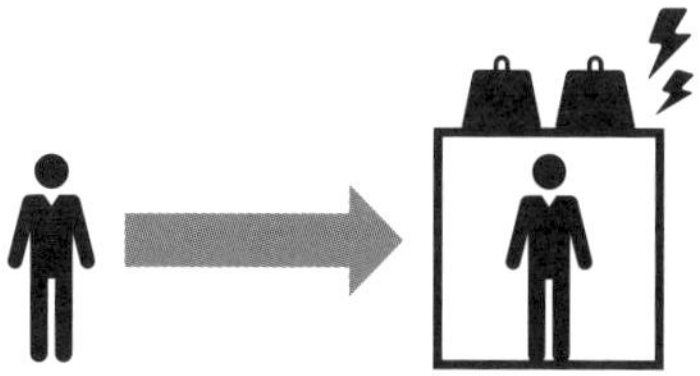

③ 臨機応変に工夫できる人

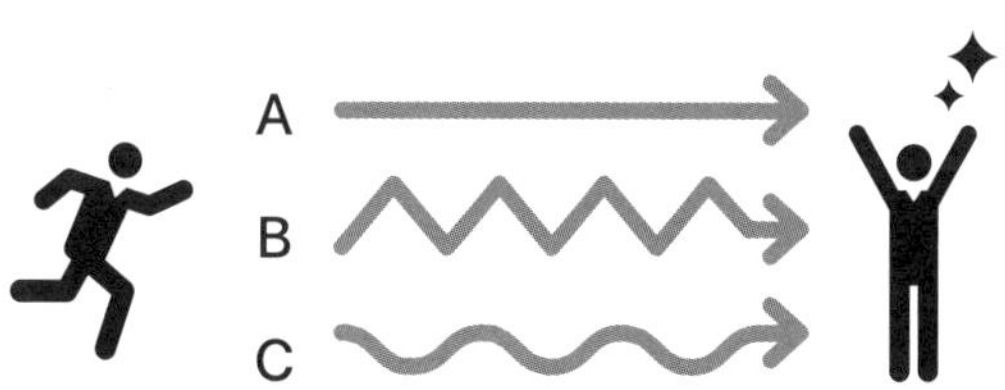

③臨機応変に工夫できる人

上司が部下に対して「自分が好きな仕事だけできるほど、世の中は甘くないぞ」とアドバイスする——。

おそらく「上司の説教あるある」ではないでしょうか？

ベタな意見ではありますが、私もそのとおりだと思います。

私は、いまは自分が好きな仕事をしていますが、会社員だった頃は好きな仕事ばかりしていたわけではありません。それでも、「成果」をあげることが楽しくて、誰よりも仕事に打ち込んでいました。

結局のところ、目の前の仕事に楽しさを見出せるかどうかは、自分しだいだと思うのです。

単純で退屈に思える**ルーティン作業も、工夫によっては生産性をアップできるので、そこに楽しみを見出せる**かもしれません。

仕事はたいてい複数の仕事が同時進行していくものです。一つの仕事が終わるまで次の仕事に取りかかれないようでは、スピードが求められるいまの時代にはついていけません。料理をつくるのに、一つのものをつくり終えてからその次のものを用意するのでは、すべてがそろう頃には冷めてしまうでしょう。

いま最優先して進める作業、後回しにしてもいい作業、合間合間に進める作業、人と分担したほうがいい作業……など、作業ごとに臨機応変に工夫ができる人にはどんどん仕事を任せたいものです。

「成長・責任・工夫」がキーワード

9 「モラル感覚」が近いチームをつくる

たとえば、中途採用で社員を雇おうとするとき、応募者の経歴や実績、資格などをもとに合否を判断するでしょう。もちろん、そういった「スキル」も重要ですが、もっと重要なのが「モラル」です。

モラルというのはその人の道徳観であり、人生の価値観でもあります。

そこを変えるのはなかなか難しいのです。

だから、**できる限りモラル感覚が近い人たちが集まったほうが組織もチームもうまくいくことは間違いありません。**

求めるモラルとスキルの両方が相手に備わっていればいうことはありませんが、どちらを優先すべきかと問われたら、私は迷うことなく「モラル」を選びます。モラル感覚の合わない人と一緒に仕事をしても、結果を出すことは難しいからです。

とくにいまは世の中の価値観やモラルが多様化している時代です。「これって普通はこうするよね」「こうするのが常識だよね」というのが通用しなくなってきています。

またＩＴ化がすさまじいスピードで進行する中、世代による生活環境の違いも大きく、生活環境が違えば、考え方も価値観も、そしてモラル感覚も当然、違います。

たとえば、「お客さまとの約束の時間に数分だけ遅れてしまいそう」という場面を想定してみましょう。

そんなとき、

①「真っ先に先方に連絡してその旨を伝える」

②「連絡する時間があったらそのぶん一秒でも早く着くようにする」

③「焦ってもしかたないので、気にせずにそのまま出向く」

のうち、どの行動を取るでしょうか。

③は言語道断ですが、①か、②かは人によって答えが異なるでしょう。②の対応もある意味合理的ですし、先方との関係しだいでは、そのほうが適当かもしれません。

しかし、私の価値観としては、①「真っ先に先方に連絡してその旨を伝える」べきだと考えます。

ビジネスにおいては「時間厳守」が絶対で、一分であろうと遅刻は遅刻です。たかが一分、されど一分。ビジネスでは、こういうところで成否が分かれてしまうことがあるから大事にしなければならない、というのが正解・不正解は別にして、私の考え方であり、モラル感覚です。

この「モラル感覚」は、言い換えると、仕事に対する「哲学」ともいえ、だから私は、人を採用するときはモラル感覚が近い人を選びますし、仕事を任せるときも、モラル感覚が近い人に任せます。

そのほうが、「これって普通はこうするよね」「こうするのが常識だよね」と叱ったり、イライラしたりしなくてすみます。

それでは、どのようにモラル感覚が同じ人、違う人を見極めればいいのか。

社員を採用するとき、あるいはいまいる社員のモラル感覚を見極めたいとき、私は一〇〇の質問を用います。

たとえば、

「車の通っていない道路が赤信号だったとき、渡りますか？」

「仕事は質と量、どちらが大切だと思いますか？」

「自分で勉強するのは好きですか？」

といった一〇〇の質問に答えてもらうのです。

これらは正解のない質問なので、その人の考え方しだいで答えは違ってきます。その答えが、自分の答えと同じものが多ければ、「自分とモラル感覚が似ている」と判断できます。この**一〇〇の質問に対する答えのうち、七〇項目程度が自分と同じであれば、モラル感覚が似ていると判断してよい**でしょう。

モラルといえば、「いまどきの若者はモラルがない」などとよくいわれます。

たしかに、悪ふざけの画像や動画をＳＮＳに投稿し、炎上させるなど、彼ら、彼女らにはモラルが欠けているように感じられることもあります。

しかし、若者の悪ふざけは昔からよくあること。いまは昔と違い、ＳＮＳが普及しているため、仲間同士のちょっとした悪ふざけレベルが世界中にまで拡散されてしまう時代なのです。

だから、「最近の若者は……」と簡単に切り捨てるべきではないと思います。むしろ若者に見習うべきモラル感覚もあるし、場合によっては年配の人のほうが若者よりモラルに欠けているのではないか？　と思えることもあります。

たとえば喫煙マナーが悪い人。タバコの吸い殻をポイ捨てしたりするのは圧倒的に中高年の人に多い。そもそもいまの若者はタバコを吸う人が少ない、ということもありますが。

モラルのある若者もいれば、モラルに欠けた若者もいます。一方でモラルのある年配者もいれば、モラルに欠けた年配者もいる――。

いずれにせよ、**一緒に働く部下や同僚を決める際には「スキル」のある人より「モラル」のある人を選ぶべき**なのです。

⚙「スキル」より「モラル」を重視せよ

「モラル感覚」が近いチームがうまくいく

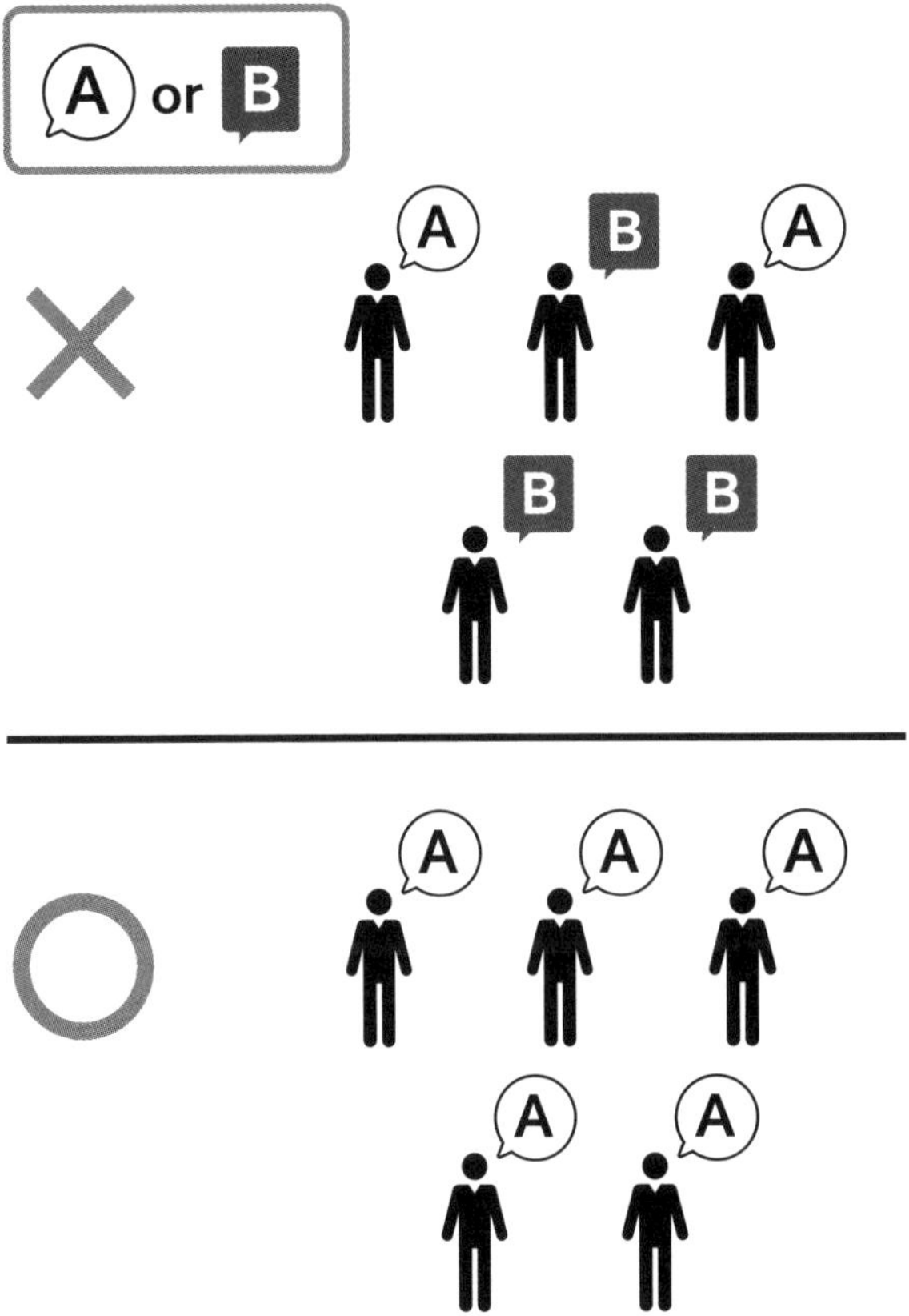

10 メールやSNSでのミスの報告も有りとする

先日、知り合いからこんな話を聞きました。

得意先から商品の注文があり、電話応対をした「いまどき部下」が、「一週間ぐらいで納品できると思います」と回答したそうです。

ところが、その商品は人気で品薄になっていて、生産が間に合わず、納品できませんでした。得意先から「どうなっているんだ！」とクレームが入って、発覚したのです。

電話に出た部下に事情を聞いてみると、得意先に「一週間ぐらいで納品できる」と回答したあと、倉庫に確認の連絡はしたそうです。その段階で一週間では納品できないとわかりました。

しかし、信じがたいことですが、その若者は先方に連絡を入れることもなく、上司に相談することもなく「そのまま」にしてしまったのです。

上司からすれば、一週間後の納品が不可能とわかった時点でなんらかの対応をすれば大きな問題にはならなかった案件です。その若者は、「勝手に回答してしまった」と自分のミスに動揺し、「そんなことがバレたら、叱られるかもしれない」と思い悩んだ結果、何も行動できなかったのだといいます。やがてバレることはわかっていながら、それでも自分から言い出せなかった――というわけです。

ランチメイト症候群といわれ、一人でご飯を食べている姿を見られたくないからトイレでランチを食べる「便所飯」をする人がいる世代です。それぐらい人の目を気にしすぎる傾向があり、ミスした自分を見られたくないという強い思いがあります。

そんな「いまどき部下」に対して、「悪い情報ほど早く報告するように」といっても、なかなか行動に移せないのです。

だから、**ミスやトラブルをすぐに上司に報告できるような社内の仕組みをつくっておくしかありません。**第1章でも述べましたが、上司が忙しそうにしていると話しかけられない部下は多く、システム化しておかなければ、こうした問題はいつまでも改善できないでしょう。

朝礼や終礼で報告する場を設けている企業も多いと思いますが、この方法では、いまの若者は躊躇するかもしれません。まわりの目が気になるからです。

それよりはメールや社内ＳＮＳなどで報告できるような環境を整えたほうが、若者はきちんと報告できるのではないでしょうか。これからの時代、そういったツールを用いたミスやトラブルの報告は有りだと思います。

「上司を殺すのに刃物などいらぬ。報告を三日断てばいい」などといわれますが、とくに「悪い報告」が上がってこないと、もしかしたら取り返しのつかないような事態に発展してしまうこともありえます。

また、もう一つ重要なポイントがあります。それは、**部下がミスやトラブルを報告したときは絶対に責めない**ことです。そうしないと彼ら、彼女らは次から報告しなくなってしまうでしょう。

そして、部下が報告をしてくれたら、「**対策を一緒に考える**」のです。ミスやトラブルを繰り返さないために報告をし合い、みんなで改善点を考えるような環境をつくらなければなりません。そういう環境が整ったら、「いまどき部下」も悪い情報をオープンにできるようになります。

それでも悪い情報をオープンにしない人は、もはや仕事を任せられない人間だと考えるべきです。なぜなら、自分のことしか考えていないからです。

そういう人間は、前項で述べたように、あなたや、あなたの会社とは「モラル感覚」が違うのでしょう。

✿失敗を隠さない社内風土をつくる

11 部下の「四つのタイプ別指導法」

私は、人は大きく分けて四つのタイプに分かれると常々考えています。

・論理的な人
・感覚的な人
・主張する人
・主張しない人

このマトリクスのどこかの枠に、誰でも当てはめることができます。これは、私が生命保険会社に勤めていたときに営業スキルの一つとして教わりました。

たとえば、私自身は「主張する論理派」です。

その対極にあるのが「主張しない感覚派」になり、私はそのタイプが苦手です。「主張する感覚派」の代表格は長嶋茂雄さんでしょう。監督時代は、「ここでグッと来たらカーンと打って、ダーッと走るんだ」など、擬音語・擬態語のオンパレードだったので、指導を受ける選手はよくわからなかったのではないかと思います。

ただ、よくしゃべりますし、とにかく太陽のように明るい。長嶋さんのような上司が会社にいたら、仕事に行くのが楽しくなりそうです。

長嶋さんとよく対比された故・野村克也さんは「主張しない論理派」の代表格。「今日の試合、どうでしたか？」とアナウンサーが聞いても「ぼちぼちでんな」の一言。「あのときはどういう指示を出したんですか」「別に」と、会話にならないのでアナウンサーも困っていました。

そんな長嶋さんと野村さんが性格的に合うとは思えません。やはり、**自分と対角線上のタイプとは、人間関係があまりうまくいかない**ようです。

このマトリクスは、自分と部下の関係を把握するために使えます。

自分がどの枠に当てはまるのか、部下はどの枠に当てはまるのか。同じ枠なら、間違いなく気が合います。「主張する論理派」と「主張しない論理派」のように、上下の枠の関係も、悪くありません。論理派同士で、会話が成り立つでしょう。「主張する論理派」「主張する感覚派」のような横の関係も、まずまずです。

問題なのは、相手が対角線上のタイプだった場合です。

こういうケースでは「自分が歩み寄るしかない」と私は考えています。とくに目上のほうから歩み寄る姿勢が大切だと思います。

たとえば部下が「主張しない」なら、自分も主張するのを抑えればいいのです。発言したい気持ちをグッとこらえ、とりあえず黙って相手の話を聞く。そうすれば、相手は「この人、自分と同じタイプだな」と心を許すでしょう。

私も、相手が自分のタイプとは正反対の「主張しない感覚派」である場合、「ガンガン攻めましょう」「みんなで楽しくいきましょうよ！」のように、普段なら絶対にいわない感覚的な表現を使ったり、主張を抑えて相手の話をじっくり聞いたりするようにしています。

部下を動かすときも、「論理派」に対しては理由や目的を一通り説明してから、仕

4つのマトリクスで部下を分類する

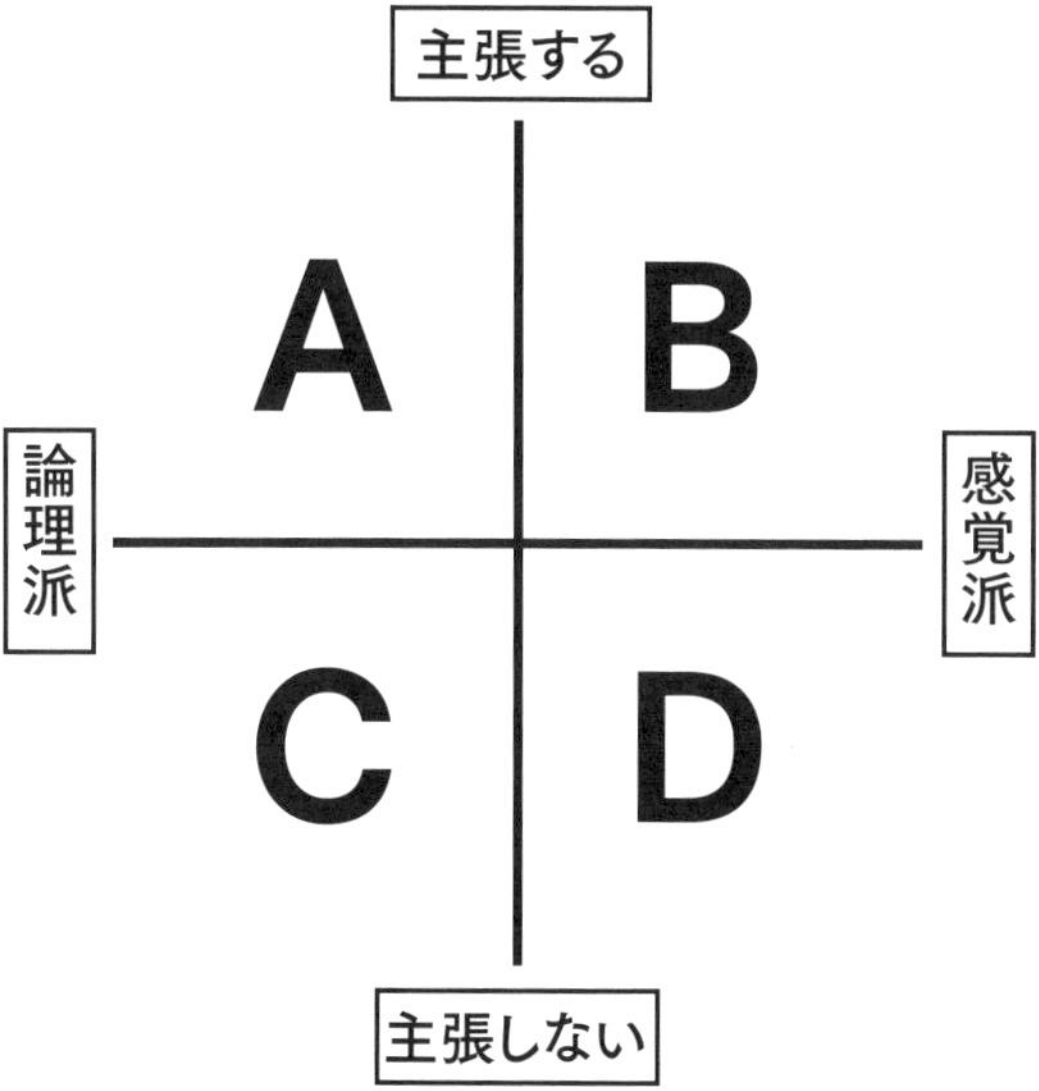

縦の関係、横の関係はうまくいく

○ A⟺B　○ C⟺D

○ A⟺C　○ B⟺D

対角線上の関係はうまくいかない

× A⟺D

× B⟺C

事の内容の説明をする。「感覚派」には「これができるようになれば、ひとまわり成長できると思うよ」のように感覚的な表現を盛り込めば、相手はやる気になるでしょう。

相手が変わってくれるのを期待しても意味はないので、自分が変わるしかないのです。そのほうが合理的です。

また、**人は追い詰められると、たいてい対角線上のタイプにガラッと変わります。**「主張する論理派」が失敗すると、普段は論理的に主張するのに、急におとなしくなって「まあ、うまくいかないこともありますよ」のように、対角線上のタイプになるのです。

これを私は「バックアップ状態」と呼んでいます。普段よくしゃべる人に「なんで？」「どうして？」と問い詰めると黙り込んだり、いつもおとなしい人に間違いを指摘すると急に怒り出したりすることもあります。バックアップ状態に入ると、人は正常な判断ができません。

したがって、相手をバックアップ状態にさせないことが大事です。そのためには、

トラブルが起きたら自分から相手のタイプに近寄る必要があります。

このマトリクスは場面によって変わりますし、性格診断というほどのものでもありません。

分類することで、相手を「いい・悪い」で判断するのではなく、「この人はこういうタイプなんだな」と客観的に判断し、合理的に動かすために使うツールだと思ってください。

ただ、相手への対応の仕方を考えるためには、非常に有効なツールだと思います。

⚙「部下のタイプ」に合わせて対応を変化させる

12 年上部下は「感情」で動かす

若くして昇格すれば、年上の人が部下になることもあります。

そのとき、みなさんはどのように対処しますか？

「年齢が上でも関係ない、上下のけじめをつけてなめられないようにしよう」と考える人も多いのではないでしょうか。

しかし、**年上の部下にしてみれば、年下の上司は当然、おもしろくない存在**です。もし、「この仕事、やっといてくれる？」などとタメ口で指示したら、一瞬で「敵」と認定されるでしょう。

メンツをつぶされた年上の部下は、理屈の面ではしかたのないことだとわかっていても、感情の面では「年下が自分より上の立場になるなんて嫌だ」と納得がいかず、年下の上司に反発したり、足を引っ張ろうとしたりします。

これではチームを成功に導くのが難しくなります。

年下の上司に反発している部下には、何を任せてもいい結果は期待できません。彼ら、彼女らがいわれたとおりの仕事しかしない、などというのはまだましで、わざと何かミスをしたり、チームの士気を下げる発言をしたりするようになれば最悪です。

そうさせないためには、**年上の部下に対して「リスペクトのマインド」を持って接し、それをきちんと言葉で伝えることが何より重要です。**

経験を重ねた年上の部下には相応の知識やノウハウがあるし、人脈もあります。仕事を上手に任せることができれば、頼もしい戦力になります。

年上の部下に戦力になってもらうためには最初が肝心で、昇格の内示を受けたら「この人を押さえておかないと仕事がうまくいかないだろう」と思える年上の部下を把握しておきます。そして、人事が公になったら、すぐにその人のところへ挨拶に行くのです。

「これも○○さんがいろいろ指導してくださったおかげです。いまのこの部署があるのも、先輩がこれまで築いてこられた実績によるものです。これからもご指導、ご助力をよろしくお願いいたします」

このように下手《したて》に出る形で先輩を持ち上げるのです。そうすれば、相手も冷たくあしらうことはできなくなります。仕事を任せるときも、

「こんなお仕事をお願いするのは気が引けるのですが……○○さんの経験と力をお借りしたいのです」

とリスペクトの気持ちを一緒に伝えることで、「よし、やってやるか」と味方になってくれるようにするのです。ビジネスでは、とかく感情よりも論理を優先しがちで、とくに能力のある人は論理に正当性があれば通じると考える傾向があります。

しかし、人は感情によって動かされるものです。「人」が仕事も会社も動かしている以上、「感情への配慮」は不可欠でしょう。

「リスペクトマインド」を忘れない

13 「相手」より「自分」を変えたほうが〝合理的〟

私が最初に勤めた会社では、配属部署の上司であった副社長からよくゴルフに誘われました。内線で電話がかかってきて、出ると、「お前、今度の週末はヒマか?」と唐突に聞かれます。

「はい」と答えると、「よし、ゴルフに行くぞ」といいます。

「いえ、やったことないんですけど」というと、「いいんだ、その場で教える」と一方的に決められました。そして、週末になると寮に迎えの車が来るのですから、嫌でも目立ちます。

私としてはゴルフに行くのも仕事のうちでしたが、傍から見れば、二〇代前半の若造が役員からゴルフに誘われるなんてありえない話だったのでしょう。

「あいつは副社長の親族じゃないか」と陰ではささやかれ、先輩からは「お前、役員へのお歳暮は何を贈ってるの？」などと聞かれました。かなり妬まれたようです。

その後、私は海外の子会社への出向とともに、二七歳で部長職に昇格しました。そのときも社内での風当たりは強かったのですが、私としては成果を出しさえすればそれでいい、それで評価してもらえると思っていました。ところがそうではありませんでした。

たとえば、「そっちで融資したホテルが赤字を垂れ流している。どうしてなんだ」と本社の、私より役職が下の先輩に責められたりして、「私にはわかりません。むしろ融資を許可したそちら（本社）の審査部に聞いてもらったほうがわかるんじゃないですか」などと理路整然と言い返しました。

すると、相手にとってはそれが正論であればあるほどおもしろくなく、「若造が生意気なことをいっている」という感じになり、それからもいろいろと理不尽な攻撃を受けることになったのです。

自分に能力があるだけではダメ。正論をいうだけではダメ。それでは人は動かせないのだと、その経験を通してつくづく感じました。

部下を動かすには、正論だけではうまくいかないのです。

もちろん、正論は必要ですが、相手に伝えるためには「言い方」や「接し方」を考えなければなりません。とくに年上の部下には配慮が必要です。日本人の間には、年上を立てるという儒教的な考え方が根強く残っていますから、そこへの配慮なしにうまく立ち回るのは難しいと考えたほうがいいでしょう。

年上だろうが、年下だろうが、部下は同じ会社で同じ成果を目指している〝同志〟ですから、会社の利益のためには何をするべきか、上司に対してどのように接するべきかを理解しているはずです。頭で理解しているとおりに動けないのは、感情が邪魔をしているからです。

ですから、上から押さえつけて、部下の気持ちや態度を改めさせようと思ってもなかなかうまくいかないでしょう。

しかし、**相手を変えることはできなくても、自分の言動を変えることはできます。**

部下に「この上司と仕事をして大きな成果を出せば、自分の成果につながり、その結果、自分の評価も上がる」ということを理解させて、十分に能力を発揮してもらえる環境をつくるのが最善です。

ところで、年下の上司、年上の部下から私が連想することがあります。

それは、新経済連盟と経団連の関係でしょう。

新経済連盟は、楽天の三木谷浩史会長兼社長が旗振り役となって立ち上げたeビジネス推進連合会を母体とする新興の経済団体で、会員企業は約五五〇社。サイバーエージェントやグーグル日本法人、ｆｒｅｅｅやクラウドワークスといった有力ＩＴ企業に加えて、アサヒビールや出光興産なども参加しています。経団連など他団体との重複加盟もあり「賛助会員」には三菱ＵＦＪ銀行なども名を連ねています。

新経済連盟立ち上げのきっかけとなったのは、東日本大震災後の原発政策、エネルギー分野の規制緩和の問題をめぐる三木谷氏と経団連の対立だといわれています。

しかし、その背景には三木谷氏をはじめとする新興企業の社長が前々から抱えていた経団連への不満や、若手の社長たちと重鎮社長たちとの衝突があったのではないかと見られています。

ベンチャー企業で成功を収めた若い社長に、新しいビジネスモデルやイノベーションで追い越された格好である大企業の社長は、いってみれば〝年上の部下〟のようなものかもしれません。

当然、その状況がおもしろくなく、「何を若造が」と思っていたことでしょう。それでも、若手社長が「若造ですみません。ぜひご指導ください」とへりくだれば、協力してもらえたのではないかと思います。しかし、若手側が「ネットのリテラシーもなく、古くさいビジネスにしがみついてなんになるんですか」「そんなことをしていると日本経済のためになりません」といった〝正論〟をいえば、溝は深まるばかりです。

やはり、正論で人が動くとは限りません。**自分の正義を通したいのなら、必ずしも正面突破するのは得策ではなく、迂回して外堀を埋めたほうが実現する可能性は高いものなのです。**

「言い方」「接し方」を工夫する

14 「女性の部下」を動かすときの注意点

まず、部下をマネジメントする立場の人は、女性だけを区別して論じるような方法は女性にすこぶる評判が悪いのだと覚えておいたほうがいいでしょう。

ましていまの若者たちは、小さな頃から価値観の多様性を認められ、男女の区別をしないようにと育てられてきた世代です。

「草食系」という言葉も流行ったように、男性は女性化し、女性は男性化していますから、私たちの世代が考えるような男女の違いを当てはめることには無理があるのかもしれません。

とはいえ、全日本女子バレーボールのセッターだった竹下佳江さんが、「女性は基本的に面倒くさい生き物」と自ら語っているように、男性ではわからない特性もあると思います。全日本女子バレーボールの前監督、眞鍋政義氏は選手たちと打ち解けるために、「髪型変えたか？　そのほうがええやん」のような日常的なコミュニケーションを心がけていたそうです。

私がドクターシーラボの経営者だったとき、よく泣く女性の部下がいました。

仕事中の態度のことで注意したら泣く、ミスが起きた理由を問いただしたら泣く。私もご多分に漏れず女性の涙には弱い男なので、「もういい。次からは気をつけて」といつもすぐ許していました。

ところが、ある日別の女性部下から、「あの人、泣いたあとに化粧室に行ったらケロッとして、『今日のランチ、何食べようかな』なんていってるんですよ」と知らされて、あぜんとした覚えがあります。こういうことは男性には理解できないことです。

これは女性だけに当てはまることではないかもしれませんが、私の経験でいうと、いままで接してきた女性の部下のタイプは、大きく三つに分かれます。

①野心的でプライドが高く論理的な発想をするタイプ

このタイプは勝負や競争に勝つことが好きで、ときに攻撃的になります。上昇志向が強く、昇進を目指して積極的に仕事に取り組みます。経済評論家の勝間和代さんが注目された頃から、とくに増えていったように感じます。もちろん、これからの日本の企業を担っていく役割を果たすでしょう。

②論理よりも感情を優先するタイプ

変化を好まず保守的で、出世や昇進には興味がなく、他人との競争はしたがりません。ほどほどに仕事をして、どちらかといえばプライベートを重視したいという人が多いのが特徴です。

③中間的なタイプ

どちらかに偏るのではなく、①と②の両方の特性を併せ持っているタイプです。

人によって程度の違いはありますが、私の経験上、②の「論理よりも感情を優先するタイプ」の女性部下には、責任を取ることに不安や恐怖を抱く人が多かったように思います。

第1章の冒頭でリーダーになるのを嫌がる女子学生の例を紹介しましたが、彼女もこのタイプでしょう。いまの若者は、女性だけでなく男性にもこうした傾向が見られます。

こういう責任を取りたくないという部下には、責任を負わせない形での仕事の任せ方を考えたほうがいいでしょう。あるいは責任があっても軽いと思わせると、本人は安心して仕事に取り組みます。

具体的な方法の一つとしては、一人に仕事を任せるのではなく、複数人で仕事を分担させます。

「この仕事はあなたが責任を持ってやってください」というと、**「失敗したら全部私の責任になってしまう」と不安を感じる人にも、「二人で」「何人かで分担して」「みんなで」といって任せれば、部下を能動的に動かすことができます。**

私の経験上ですが、コツコツと地道にやり続けるような仕事は、女性のほうが得意です。「失敗しても大丈夫だから」「責任は全部私が取るから安心してやってほしい」というフレーズを使って任せると、安心して取り組み、精度の高い仕事をしてくれました。

一方で、①の**「野心的でプライドが高く論理的な発想をするタイプ」**には、**どんどん仕事を任せていい**でしょう。

こういうタイプには、優しくするより信頼してあげることが大切です。「あなただからこそ任せたいんだ」と相手の働きぶりや実力を認めていることを伝えれば、喜んで仕事を引き受け、やり遂げてくれるでしょう。こういうタイプには常に積極性を発揮させ、くすぶらせないようにする、というのが重要だと思います。

✿ タイプごとにかける言葉を変える

15 「仕事の役割分担」を部下に理解させる

最近、上から目線の上司は嫌われるようです。

そもそも上司は立場が「上」なので「上から目線」は当たり前といえます。おかしな話ではありますが、「俺のいうとおりにやれ！」と強制的に従わせようとするスタイルは時代に合わないということでしょう。

だからといって、上司が部下にへりくだる必要はありません。

上司であるみなさんは、若い部下に「仕事に平等はない」ということをしっかり教え込んでいかなくてはならないのだと考えてください。

昔もいまも、「上司は命令ばかりして、自分では動かない」と不満を持つ部下は大勢いました。しかし、昔は不満を持ちながらも上下関係がはっきりしていたのでうまくそれを飲み込み、消化し、その不満を上司にぶつけることはほとんどなかったのではないでしょうか。

ところが、「いまどき部下」の中には、「なぜ、課長は命令ばかりして、自分ではやろうとしないいんですか。課長も一緒にやってくださいよ」といった不満をぶつける人がいます。彼ら、彼女らは、要するに「平等じゃない」と考えているのです。

彼ら、彼女らは子どもの頃から「平等」に扱われて育ってきました。その結果、**平等であることが普通、平等であることが当たり前だという意識**になっているのです。

親子関係でさえ友達のような「友達親子」になっています。親が子どもに対して威厳を持って接しようとせず、自分たちと平等に扱い、友人と同じような関係を築いているのです。そんな親は、子どもの顔色をうかがい、子どもを厳しく叱ることができません。

昔の若者は、社会人になる前に先生や親、学校の先輩などと生活する中で上下関係を身につけてから社会に出ましたが、いまの若者たちは上下関係が崩壊した環境で育ったので「縦社会」に慣れていないのです。

これは個人の資質の問題ではなく、まわりの大人がそう育ててきたことが原因です。

ですから腹を立てずに、時間をかけて上下関係をわからせていくしかないと考えるべきでしょう。

上司は部下に「怒る」必要はありませんが、部下を「諭す」必要があります。

職場の雰囲気が悪くなることを恐れ、部下に注意できない。

叱ったせいで辞められたら、自分の昇進にも響くかもしれない。

そんな気持ちはわかりますが、とくに部下が何か問題を起こしたときは、絶対に妥協せず「いけないものはいけない」という姿勢を持っていないと、上下関係をわからせることなどできないでしょう。

「なぜ、上司は命令ばかりして、自分ではやろうとしないのか」という不満を持つ部下は、仕事の役割分担を理解していないだけです。とはいえ、「会社とはそういうものだから」といっても相手は納得しません。こういうときは、その理由とセットで教える必要があります。

「上司と部下というのは社内における役割が違う」こと、「上司の仕事は部下が仕事をしやすくするための環境整備である」こと、「上司はチームや部署の仕事全体のコストやスケジュールを管理し、責任を負っている」ことなどを伝えなければなりません。

それでも部下が、「課長がもっと現場の仕事をすればみんなの負担が減るのではないですか」などと食い下がってきたとします。その場合は、「そういうことを判断するのも、君ではなく私の役割なんだ」ということを説明してください。

部下に任せるか、自分が現場に出てやるべきか。それを見極めるのも上司の仕事です。

大切なのは、**部下の意見に安易に迎合しない**ことです。部下に一〇〇%納得してもらうことはできないと考えて、自分の「人の上に立つ人間としてやるべきこと」を貫きとおすのが、部下を動かす立場の人には重要なのです。

「仕事に平等はない」とはっきり伝えよ

第3章

部下がどんどん動きはじめる「任せ方」のルール

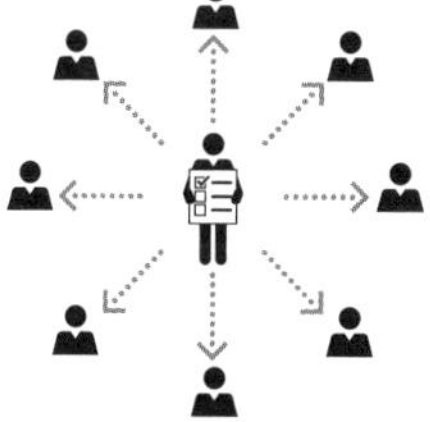

16 「細かすぎる！」というくらいの指示をする

「いまどき部下」に仕事を任せるとき、相手が「安心して任せられるタイプ」であっても、「任せるのが不安なタイプ」であっても共通するのは**「細かく指示を出す」**ことです。

たとえば、会議に使う資料のコピー取りを頼む際に、「今日の会議に出席する人数分、コピーを取っておいてほしい」と指示している人も多いでしょう。しかしこの指示だけでは、いまの若者たちをうまく動かせないのです。

たしかに、人数分のコピーはきちんと取ります。ただし、そのあと、コピーした資料をそのまま机に置いておくかもしれません。出席者に配布するどころか、一部ずつホチキスで留めるという作業すらしていない可能性もあります。

「信じられない。それぐらいするのが常識でしょう？」と思うかもしれませんが、第

1章でお話ししたように、その常識がまったく通用しなくなってきているのが「いまどき部下」なのです。しつこいようですが、このことへの理解なしに、いまの若者を動かすスキルは上達しないのです。

ずいぶん前から、お茶の入れ方を知らない新入社員が増えたといわれていましたが、学校や家庭の環境がそこまで変わってしまったということなのです。いまは自宅に固定電話のない家庭も増えているので、固定電話を与えられて「これ、どうやって使うんですか？」と戸惑う新入社員も、そのうち出てくるでしょう。

若者だからＩＴ機器は使いこなせるだろうと思ったら、スマホしか使ったことがなく、パソコンのキーボードに触れたことがない、という人も増えているようです。

それぐらい生活環境が大きく違っているので、子どもにイチから伝えるような気持ちで、あらゆることを教えなければいけないのだと覚悟するべきです。

「今日の会議に出席する人数分、コピーを取っておいてほしい」なら、次のようにあと一歩も二歩も進んで細かく指示を出さないと、自分が望んでいる行動を取ってもらえません。

「すべてのページのコピーを三〇人分取る」

「一部ずつ、資料の左上をホチキスで留める」

「会議室の机に、一部ずつ配っておく」

「会議は一一時からなので、一〇分前までには作業を終えること」

ここまで細かく指示してはじめて、「仕事を任せた」といえるのです。

ただし、いまどきの部下は与えられた仕事は真面目にこなすので、難しい仕事でなければ、二、三回目からは「この前のように資料をコピーして、配っておいてほしい」ですむでしょう。ですからいまの若者に対しては「最初が肝心」といえます。

また、ここまで細かく指示をしなければならないのは、もともと言葉によるコミュニケーションが相手に三〇%ぐらいしか伝わらないという実態もあります。

アメリカのコミュニケーション学者であるレイ・L・バードウィステルは、「二者間の対話では、言葉によって伝えられるメッセージが三五%、残りの六五%はジェスチャーや表情、会話の間などの言葉以外の手段によって伝えられる」という言葉を残しています。**どんなに懸命に説明しても、たった三割しか話は伝わらない**のです。

私は、ドクターシーラボの社長になってすぐの頃、新たな物流の構築に取り組んでいました。物流のセクションでは商品を真っ白い箱に入れて、テープをピシッと真っ直ぐに貼って留め、伝票を貼って送るという作業工程があります。それをパートのみなさんにやってもらうのが私の仕事でした。

私はパートさんたちに完成品の状態を見せ、その工程を実際に見せ、手順を丁寧に教えました。ドクターシーラボは薬用化粧品を開発・販売しているのですが、料金は割高で、八〇〇〇円以上する商品もあります。

会社で最後に商品に触るのがこのセクションであり、販売している商品は、お客さまにとって決して安い買い物ではありません。だからきれいに商品を送り出して、お客さまに気持ちよく箱を手にしてもらうことが大切です。

私はそうパートさんたちに説明し、「では、作業をはじめてください」とお願いしました。

それでも、きちんとできない人が出てくるのです。

箱を留めるテープが曲がっていたり、シワが寄ってしまっていたり。また、白い箱を扱うので手袋を用意していましたが、それを使わず箱を汚してしまう人もいました。

そんな単純作業でも、人は指示されたとおりにできないものなのです。決してパートのみなさんのやる気がなかったわけでも、能力が低かったわけでもありません。

「仕事は見て盗め」「仕事は一度聞いたら覚えろ」と、私も若い頃にいわれた記憶があります。昔は怒鳴りつけたりするやり方がまかりとおっていたので、問答無用で覚えるしかない状況だったのです。

したがって、いまのビジネスの現場のほうが正常モードなのかもしれません。言葉によるコミュニケーションは相手に三〇%ぐらいしか伝わらない、といいましたが、せめて八〇%は伝わるようにするために、**身振りや手振り、あるいは図や映像などを駆使し、より細かく、より具体的に、よりわかりやすく指示を出す**ことを心がけてください。

✿「仕事は見て盗め」は通用しない

17 ルール・ブックで「統一基準」をつくる

前項で、いまどきの部下へ仕事を任せるときは、より細かく、より具体的に、よりわかりやすく指示を出す必要がある、といいましたが、大勢の部下を抱えている人は、なかなかそこまで手が回らないでしょう。

それを解決するための方法が「ルール・ブック」をつくることです。

ルール・ブックとは何か。

私はこれを、「コーポレート・カルチャー・スタンダード」と呼んでいます。

コーポレート・カルチャーとは「企業文化」のことです。企業によって異なるそれぞれの文化を文書化し、**組織に関わる全員の思考、行動、判断基準の統一を図るのが、ルール・ブックをつくる狙い**です。

ルール・ブックでは、企業の理念や社会的・業界的役割、商品づくりやお客さま対応の方針といった、組織の根幹をなす考え方から、普段の業務の取り組み方まで、細かくルールを決めて記載します。

社員全員がそれを共有することで、誰もがどんな場面でも同じ行動を取れるようになるのです。

私が指導している会社では、来客への対応やクレーム対応など、具体的な業務のルールを決めている会社もあります。もちろん、完璧に網羅することはできませんが、もし判断に迷ったら、そのルール・ブックを見れば、基本的にはどのような行動を取ればいいのかがわかるのです。

これなら、「任せられるタイプ」はもちろんのこと、「任せられないタイプ」も最低限の結果を出してくれるようになります。

ここでルール・ブックの一部をご紹介しましょう（左ページ）。

どうでしょうか？

「こんなの基本じゃないか」

「こんなこと、細かくいわなくてもわかるだろう？」

【電話の方針】(ルール・ブックの一例)

心構え

- 電話は顔の見えないやりとりであり、相手からは会社の代表と見られていることを忘れずに。他の作業を中断して電話を取る
- 明るく、大きめの声で、聞き取りやすいスピードで話すこと

マナー

- 電話は2コールまでで出る。3コール以上で出た場合には、「大変お待たせいたしました」とお詫びをする
- 電話に出たら「○○株式会社、△△でございます」と、社名と自分の苗字のみを述べる
- 担当者に電話をつなぐときは、相手の会社名と名前をしっかり確認すること
- 電話を切るときは、相手が切ったのを確認してから受話器を置く。ガチャンと切らずにそっと置く

担当者不在の場合

- 電話があったことを、担当者にメモなどでわかりやすく伝える
- メモでは次のことを記載する：①いつ（日付・時間）電話があったか、②相手の会社名・担当者名、③用件、④対応者名
- 緊急の場合は、すぐに担当者に連絡を入れる。その際、メモの①から③を簡潔に伝える

※「ルール・ブック」についてより詳しく知りたい方は、こちらへ
https://ikemotokatsuyuki.net/shop/lp/39_ccs

という人も多いでしょう。

しかし、ここまで述べてきたように、**いまどきの部下には「基本」が通用しなくなってきている**のです。

むしろ、もっと細かくルールを決めてもかまいません。会社ごとに「ここまでは社員の行動を統一しておきたい」という判断基準で決めていけばいいと思います。ルール・ブックがあれば、部下がルールとは違う行動をしたとき、「ルール・ブックに書いてあるとおりにしてほしい」といえばすみます。

「なんでこんなことがわからないんだ」とイライラしたり、怒鳴ることで相手のやる気をそいでしまったりすることがなくなるのです。

新入社員が入ってすぐの研修で、会社の文化やルール、仕事のやり方は教えると思いますが、研修期間内に教えきれないことも出てきますし、また基本的なことというのは忘れてしまいがちです。私が指導している会社では、毎朝朝礼でルール・ブックを読み合わせている企業もあります。

このルール・ブックは一度つくって終わりではなく、三か月ごとに見直してバージ

ヨンアップさせることを、私は提唱しています。

ルール・ブックをつくったあとで、「こういう項目を入れたほうがいいかもしれない」「この項目はわかりづらいから改善したほうがいい」といったことが必ず出てきます。それらを社員全員で話し合いながら決めるのです。全社員をルール・ブックづくりに参加させることで、みんなでそのルールに従おうという意識が浸透します。そうすれば、組織はより一丸となっていきます。

✿「基本徹底」でチームを一つにまとめる

18 期限・内容・達成レベル――「チェックリスト」を徹底活用する

人の感覚というものは、あやふやでバラバラなものです。

たとえば、部下に「この資料をまとめておいてほしい。なるべく早く」と頼んだとしたら、その二日後、部下に進捗を尋ねたときにまだできていなかったとしたら、上司は「早くといっただろう」と不満に思い、叱責するのではないでしょうか。

しかし、部下は「まだ二日しか経っていないのに……」と思っているかもしれません。**仕事を任せる上司の「なるべく早く」と、任される部下の「なるべく早く」が同じとは限らない**のです。

というよりも、同じではないことのほうが多いでしょう。

前項でご紹介した「ルール・ブック」の作成は、社員の意識と行動を統一化するために有効な手段です。

しかし、すべての業務のすべての作業をルール・ブックに載せると、おそらく辞書並みの厚さになってしまうので、やはりどうしても代表的な業務に絞られます。

それ以外の業務はどうすればいいのか。その解決策として、ルール・ブックの他に、**「チェックリスト」をつくる**方法があります。これは部署単位、チーム単位でもできます。チェックリストをつくるポイントは、

「期限」
「内容」
「達成すべきレベル」

を明確にすることです。

たとえば、部下に見積書の作成を指示するのであれば、119ページのようなチェックリストをつくって、部下に渡すのです。

このチェックリストを、見本の見積書とともに渡せば、はじめて見積書を作成する部下でも、それほど迷わずに作業できるでしょう。

つまり、**「仕事の正解」**を教えるのです。

これなら、「任せられる部下」でも「任せるのが不安な部下」でも作業の仕上がりが同じになるので、どんな部下にも安心して仕事を任せることができます。

チェックリストにあげる項目は、上司だけが考えるのではなく、部署やチーム全員で出し合えると理想的です。みんながリストづくりに参加し、共有すれば、仕事の精度はさらに上がるでしょう。

そのようにしてつくったチェックリストを使って「**この仕事を任せる。このチェックリストにあることをこの日のこの時間までに遂行してほしい**」と部下に伝えれば、そのあとは「どこまで進んでいる?」と適宜、確認を入れるだけです。

仕事が完了したら、そのチェックリストどおりに達成できたかどうか、しっかり確認しましょう。なんらかのミスや行き違いがあったとしたら、チェックリストに問題がある可能性が高いので、それを今後のチェックリストづくりに生かしましょう。

✿「仕事の正解」をチームで共有する

【見積書チェックリスト】

●期限

11月17日（金）15時まで

●内容

☑見積書のフォーマットを使っているか
☑日付が入っているか
☑取引先の社名が入っているか
☑取引先の住所・電話番号が入っているか
☑商品名が入っているか
☑商品の単価が入っているか
☑商品の価格が入っているか
☑商品の数量が入っているか
☑小計・消費税・合計のそれぞれに金額が入っているか

●達成すべきレベル

☑すべての項目に記入漏れがないか
☑商品名が間違っていないか
☑数字が間違っていないか
☑取引先の社名や連絡先に間違いがないか

19 部下は〝量質転化〟で成長させる

武道の世界には「量稽古」と呼ばれる訓練法があります。

量稽古とは、ある動きや型をとにかく繰り返し反復して体に覚えさせること。これは、どんな武道でも上達するためには欠かせない重要トレーニングです。

ビジネスの世界でも「量稽古」は重要で、とくに**若いビジネスパーソンが一日でも早く一人前になるためには「量稽古」が欠かせません。**

一時期、リクルートの「名刺獲得キャンペーン」というイベントが話題になりました。これはリクルートの新入社員が与えられた担当地区の中で一週間ひたすら「飛び込み」で部署ごとのサービスを売り込みつつ、一〇〇人と名刺交換をするという試みです。おそらく新入社員に営業力を叩き込むための「量稽古」だったのでしょう。

新入社員も、最初は「恥ずかしい」「嫌だな」と躊躇しますが、さすがに何十件と飛び込みまくればある程度は慣れ、度胸がついてきます。また何十回も断られるうちに、「どうすれば名刺をもらえるか」「どんな話し方・伝え方がいいのか」と、自分なりに試行錯誤するようになるはずです。

前述したように、私は大学を卒業したあと、中堅のリース会社に就職しました。入社後の私はまさに仕事の鬼で、朝から晩まで人一倍働き、その後、資金調達部門のリーダーを任されました。

その部門の業務量はとても多く、私は部下の仕事も抱えて、睡眠時間が三〜四時間という生活をしばらく続けました。当時の私は一人でなんでもやろうとする「任せられない上司」だったので、リーダーとしては失格です。

ただ、この頃こなした仕事はまさに「量稽古」となっていて、いまの私に生かされている気がします。いま、**どんなに多くの仕事を抱えていても、「あの頃に比べると楽勝だな」と思える**からです。

こうした「量」の話をすると、「質はどうなるんだ？」と疑問に思うかもしれません。

たしかに、部下に一つひとつの仕事を丁寧に仕上げさせることも重要ですが、まずは質より量、つまりスピードを求めさせなければなりません。

なぜか。

アマチュアと違い、**プロの仕事にはすべて「時間の制約」がある**からです。

たとえば、プロのたこ焼き屋さんは短時間で手際よくたこ焼きを焼き上げます。もし、一〇〇点満点のたこ焼きをつくれたとしても、一〇分で一〇個しかつくれないのであれば、コストパフォーマンスが悪すぎて儲かりません。五〇点のたこ焼きでも、一〇分で一〇〇個つくれたほうが売上になるのです。

一方、プロのたこ焼き屋さんではない人が家でたこ焼きをつくるのであれば、一〇分かかろうと一時間かかろうと、かまいません。自分が納得いくまでいくらでも時間をかけていいのです。

心配しなくても、私の経験では、**量をこなしていれば質は自然とついてきます**。

一週間で一〇〇枚の名刺交換を果たした人が、「一週間で五件の新規案件を獲得せよ」といわれたら、顧客にじっくり説明をしてサービスを売り込めばいいので、意外と楽勝ではないでしょうか。逆に、営業経験ゼロの人が新規案件を獲得できるまで何か月かかるかわかりません。思い悩んで話し方教室に通ってトーク力を磨いたりしている間に、量で鍛えられた人はスイスイ営業をこなしていくのです。

「量質転化の法則」というものがありますが、若い部下にはまず仕事の量をこなさせること。そして、**量から質に転換させるタイミングは、上司が「自分がやってきたのと同じぐらいの量がこなせるようになった」と考えたとき**でいいでしょう。その段階で質を求める方向性にシフトすれば、基礎ができているので部下はどんどん成長していくはずです。

まずは〝部下のキャパシティ〟を広げよ

20 「ゴールが近い仕事」をどんどん任せる

いまの若者はすぐに「結果」を求めるといわれています。

世の中の人間がみんなスピードを求めている時代です。私たちは、ホームページの遷移に数秒かかっただけで「遅いな」と思うぐらいですから、当然といえば当然でしょう。電車が数分遅れただけで、駅には苦情が殺到するそうです。

そのような環境でずっと育ってきたのですから、仕事もすぐに結果が出るものだと思っても不思議ではありません。いまどきの部下に対して、「結果が出るまでに時間がかかる仕事もあるんだよ」と諭したところで、「はあ」という反応しか返ってこないでしょう。

それならば、**すぐに結果が出る仕事をどんどん任せてしまえばいい。**

私はそう思います。そのほうが経験を早く数多く積めるので、仕事の基礎力がつくのです。同時に、成功体験を積ませることもできます。

失敗ももちろん大事ですが、いまどきの部下たちは心が折れやすい傾向があるので、まずは成功体験で自信をつけさせたほうがいいでしょう。

短期間で結果が出る仕事は、自ずと「簡単な仕事」が多くなります。ですが、どんな仕事でも、完成すれば嬉しいものです。小さな成功体験を積めば、モチベーションアップにもつながります。難しい仕事にチャレンジしようという気にもなるでしょう。

任せる仕事は、資料整理やデータ入力のような仕事でかまいませんが、私は、重要な仕事の「詰め」の部分だけを任せるというのも有りだと思います。

狙いとしては、仕事の「完了条件」を部下に知ってもらうことです。

「何をもってその仕事が完了したといえるのか」を部下に理解させるのです。

また、「仕事というのは詰めが大事だ」ということを感じてもらうのも狙いです。

これはゴルフの話なのですが、私はゴルフをはじめたばかりの知り合いにはパットから練習するよう勧めています。なぜなら、どんなに遠くまでボールを飛ばせても、パットが入らなければホールアウトはできないからです。

仕事も一緒で**「最後が肝心」**です。

たとえば、契約書を作成して、先方に送付するという仕事があるとします。

この仕事で注意したいのは、「契約書の上書きミス」です。上書きすること自体は効率的なので全面的には否定しません。しかし、上書きすると当然、日付を変更し忘れる、先方の名前を変更し忘れる、金額を変更し忘れる、といったミスが起こりやすくなります。そういった「詰め」が甘いと、信用を失いかねません。下手をするとそれが原因で契約が破談になるということにもなりかねません。

こういった、**作業自体は簡単でありながら重要な仕事を部下に触れさせる**のです。詰めのチェックを若い部下に任せてみるのです（もちろん最後は上司が確認します）。するど、部下は緊張感を持って仕事に取り組みますし、「最後が肝心なんだな」という大事な教訓を身につけられるでしょう。

仕事の「詰め」の部分を部下に任せる

部下に任せるべき2つの仕事

① 短期間で結果が出る仕事

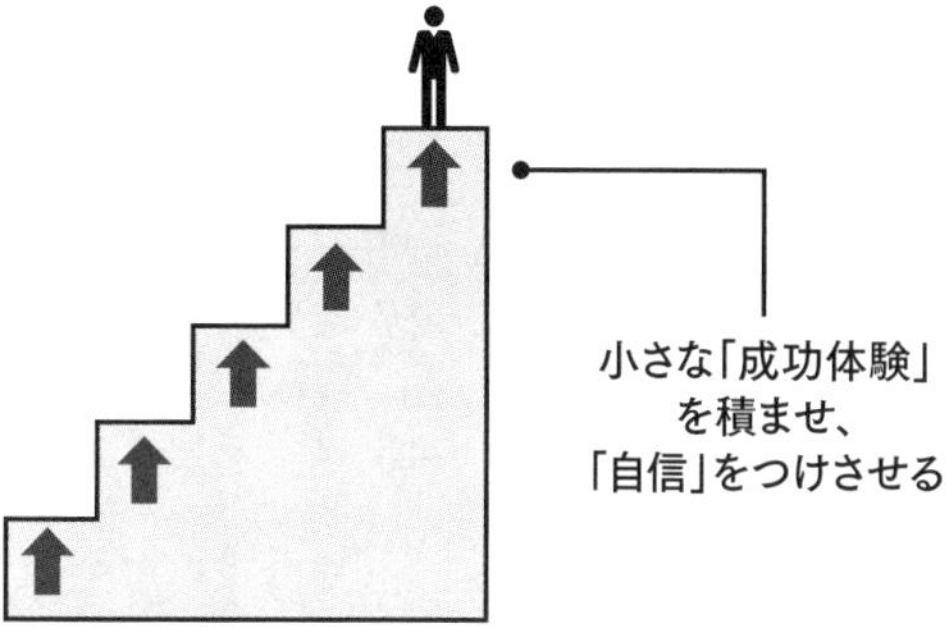
小さな「成功体験」
を積ませ、
「自信」をつけさせる

② 重要な仕事の「詰め」の部分

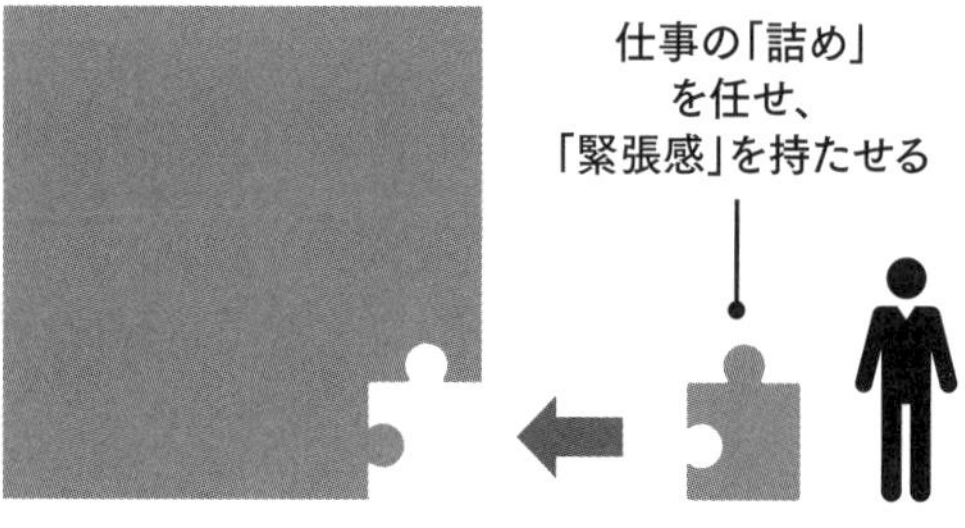
仕事の「詰め」
を任せ、
「緊張感」を持たせる

21 「その制約がなかったら、君は何をする？」

私は、早朝ランニングをする日があります。

同じような習慣を持つ方ならご存じだと思いますが、冬場は正直、きついですよね。

何がきついかというと、暖かい布団から出て、冷たいウェアに着替えること。まるで修行僧になったかのような、きつい瞬間です。ランニングをする日、目が覚めてそのきつさを思うと、「このまま眠っていようかな」という誘惑に駆られます。

そこで私は、冬の朝にランニングする日は、ウェアを着て寝ることにしました。そうすれば起きたあとの嫌な着替えがなくなります。すると、「ランニングをやらない理由」がなくなるので、もう外へ出るしかありません。

仕事もこれと同じです。

「やらない理由」をなくし、「もうやるしかない」という状況にしてしまえば、人は

自然と動きはじめるのです。

上司が何か仕事を任せようとしたとき、「やらない理由」をあれこれ述べる部下がいます。

とくに、いまどきの部下は、「任される」ということを重荷に感じる傾向があるので、「他に引き受けている仕事があって」とか、「それだと納期に間に合いません」などと理由を並べ立てる人もいるでしょう。

なかには、「それは僕の仕事ではないと思います」のように、上司が「えっ⁉」と思うような発言をする若者もいます。

こうした部下たちは「やらない理由」を見つけるのが得意で、「やる方法」を考える思考が停止しています。

ですから上司のほうで「こうすればできるんじゃないか？」と提案し、部下の思考を動かして、「やらない理由」を取りのぞく必要があるのです。

たとえば、「忙しくて手が回りません」と部下にいわれたとします。上司としては、「俺はお前の何十倍も忙しいんだ！」といいたくなるでしょうが、そこをグッとこらえて、「どの仕事でそんなに忙しいのか？」と、部下の忙しい原因を探るのです。

たいてい、「忙しくて手が回らない」と考えている人は、要領が悪い傾向がありま
す。普通なら一時間でできる仕事を三時間かけていたり、仕事の優先順位のつけ方が
悪かったり、急がなくていい仕事を先にやっていたりします。

そういった原因を探り出して、

「だったら、この仕事のあとにできるんじゃないかな？」

「こっちの納期がまだ先みたいだから、この仕事が入れられるんじゃないか？」

「この仕事とこの仕事は、別の人に頼めるんじゃないかな？」

と提案していくのです。

そうして「やらない理由」をなくしていき、最終的に部下が「わかりました。やり
ます」という方向に話を持っていくわけです。

ただし、これは半ば強制的に仕事をやらせる方向に話を持っていくことになります。

それでも部下は動くでしょうが、自分でエンジンをかけているのではなく、上司が
代わりにエンジンをかけていることを忘れてはいけません。

「やらない理由」を見つけるのが得意な部下は、「やる方法」を考える思考が停止していると述べましたが、この思考を変えないと、部下は「やらない理由」を見つけ続けます。

そんな部下には、

「その制約がなくなったら、何をする？」

「その状況を変えるには、どうすればいい？」

「どうしてそれが、障害になっていると思う？」

といった質問を折に触れて投げかけて、思考の習慣を変えるサポートをしてください。

✪ 部下の「やらない理由」を取りのぞく

22 「緊急ではないが、重要な仕事」を任せる

スティーブン・R・コヴィー博士のベストセラー『7つの習慣』（キングベアー出版）は、人生を成功に導くために習慣化したほうがいいことを七つ提案しています。

主体性を発揮する、目的を持ってはじめる、に続く第三の習慣は「重要事項を優先させる」となっています。

私もこれには賛成で、**仕事は「緊急度」より「重要度」を優先させるべきだと思います。**それは自分の仕事だけではなく、部下に任せる仕事も同じです。

たとえば、納期が三日後に迫っている仕事。

納期はまだ先だが重要な仕事。

もちろん、納期が迫っている仕事もしなければなりませんが、上司は、部下に目の前の「緊急度」の高い仕事ばかりさせるのではなく、緊急度は低くても「重要度」の

高い仕事をさせるようにしなければなりません。

いままで自分がバックアップしていた仕事を部下一人に任せる、あるいはいままでよりも大きな取引先の担当を任せるなど、部下のステップアップのために必要な仕事というものがあります。

それを任せるには、部下が準備をするための時間が必要になります。それなのに部下に目先の仕事ばかりを任せて、今後のステップアップにつながる仕事を先送りにしていないでしょうか？

短期的に見ると、納期が迫っている資料を部下に作成させたほうが、目先の利益につながるでしょう。

しかし、長期的に見るなら、部下を成長させたほうが、ゆくゆくは企業に大きな利益をもたらします。それも、早く成長させれば、早く企業に利益をもたらします。そんな部下を育てた自分にも高評価が集まります。

部下というのは緊急度の高い仕事を選んでしまいがちです。たとえば、半年後に提出する重要な営業企画の書類より、重要度は低くても締め切りが明日に迫っている経費精算の書類をつくることを優先してしまうのです。

しかし、部下には緊急度の高い仕事だけでなく、重要度の高い仕事もやらせなければなりません。

選手に今日の試合の対策をさせるだけではなく、将来チームを背負って立つための基本的なトレーニングをやらせるコーチのような存在が大事なのです。

目の前の仕事を人に任せるのは、誰にでもできます。**部下の将来性を考えて仕事を任せる**ほうが上司の力量を問われますし、それができるようにならないと、上司は役割を果たしているとはいえません。

このような基準で任せる仕事を選んでいくと、自然と部下にとって少し上のレベルの仕事になるはずです。それを上手に成功に導いてあげるのが、コーチである上司の仕事なのです。

もちろん、そのぶん、上司の仕事の負担も増えます。部下に時間のかかる重要度の高い仕事を任せたとしたら、ときには部下の抱えている緊急度の高い仕事を上司が自らやったり、他の部下に振り分けたりしなければならない場合もあるでしょう。

それでも部下が育てば、ゆくゆくは自分の仕事が減っていきます。あなたがプレイングマネジャーであるなら、プレーヤーの部分の仕事を部下にどんどん任せて、自分はマネジメントに集中できるようになる可能性もあります。

逆にいうと、**部下に重要な仕事を任せられなければ、上司はいつまで経っても自分の時間はつくれません。**

なぜなら、部下に目先の仕事ばかりを任せているとなかなか成長しないので、重要な仕事のたびに上司が出ていかないといけなくなるからです。

将来、自分の時間をつくるためにも、あえていまこそ大変な道を選ぶ。そうした仕事の任せ方をぜひ考え、実践してほしいと思います。

✿ 部下に目の前の仕事ばかりさせない

23
「人」を管理せず、「仕事」を管理する

たとえば、部下に書類仕事を任せたとき、いくつか誤字・脱字を見つけたとします。

こういう場面で、「誤字・脱字がある！　私に渡す前にちゃんと読み直せ！」と怒鳴る上司は多いのではないでしょうか？

あるいは、「なんで誤字・脱字があるの？　こんな資料を渡せるなんて不思議でしょうがない。どんな神経しているんだい？」などと嫌味たっぷりにくどくど注意するような上司もいるでしょう。

怒るのにも、くどくど注意するのにも理由はあるのでしょう。でも、書類に赤字を入れて「ここ、直しておいて」「次は気をつけるように」といえばすむ場面です。

こういうときに**怒ったり、くどくど注意したりする上司は、「人」を管理できる、「人」を管理しなければ、と思っている人**です。

こういう上司の中には、部下が自分の考えているとおりに仕事を進めないと気がすまない人が多い。部下を疑い、部下を警戒して、部下が作業をしている最中にパソコンをのぞき込んで、「ここの書式が違っているじゃないか」などと細かくチェックを入れるような上司もいます。

こういう上司は、部下にとってはストレス以外の何物でもありません。

上司としては、細かく指導したほうがミスはなくなるから、部下のためになると考えているのかもしれませんが、度を過ぎた指導は監視と同じレベルになります。

先にご紹介した部下に仕事を任せるときの「ルール・ブック」や「チェックリスト」も、決して「人」を管理するのが目的ではありません。あくまでも**「仕事」を管理するため**です。

たとえば、セールストークで必ずお客さまに伝えなければいけないことをまとめたチェックリストを部下に渡したとします。そのリストの項目は基本的にすべて伝えるのがルールですが、伝える順番はその場の状況に応じて決めればいいのです。

ところが、なかには、「順番が違う！　なんで私のいうとおりにしないんだ！」と叱りつける上司もいます。これは「人」を管理している典型です。要するに、**自分のいうとおりに動かない部下が気に入らない**のです。

「人」を管理したがるのは、「部下がミスをしたら、そのフォローに追われることになる」「自分が責任を取らなくてはならない」という不安があり、先回りして細かく指示を出したくなるからです。

つまりは結局、部下のためというより、自分のためなのです。

部下というのは、じつは細かく管理するほうが、指導する側にとって精神的に楽なのです。また、指導される側も、何も考えずにいわれたとおりにやればいいので、やはり楽でしょう。

しかし、そうやって育てた部下は、ずっと上司が細かく指示を出し続けるしかないのです。そしていつまで経っても一人前になれない部下を抱え続けるのです。

私は、部下を管理する必要はないと考えています。部下の仕事を管理すればいいのです。仕事が計画どおりに進んでいるのかどうかがわかれば、問題ありません。

「○日までにA社との契約をまとめる」といった計画があり、それまでにどのように

部下を成長させる管理法

「人」を管理する ＝ 細かく「指示」を出し、1つの進め方しか認めない

指示
指示
指示
指示

「仕事」を管理する ＝ 進捗を「報告」させ、進め方はある程度自由にする

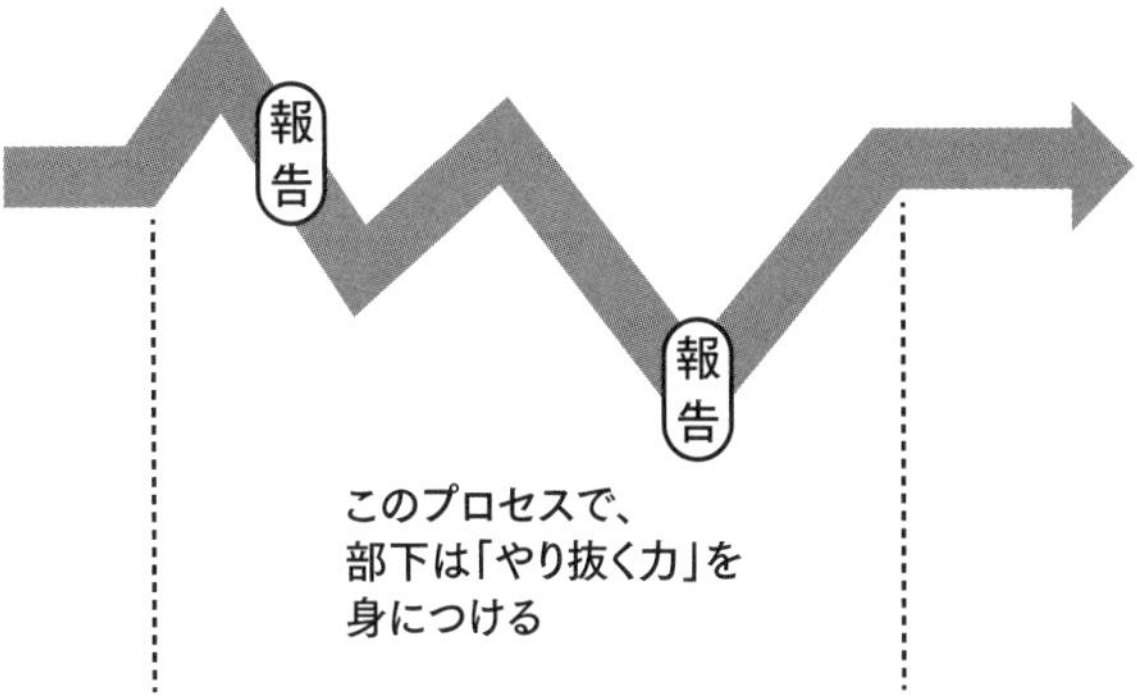
報告
報告
このプロセスで、
部下は「やり抜く力」を
身につける

進めるかをしっかり指示したら、あとは部下に任せます。

そして要所要所で、「先方の課長を通じて部長に確認している段階です」といった進捗状況を報告させます。**仕事がうまく進んでいれば、余計なことはいわずに引き続き部下に任せます。**計画どおりにいっていないときは詳細な打ち合わせを行ない、軌道修正するために、ときには細かな指示を出します。

これが「仕事」を管理するということです。しょっちゅう部下を呼びつけては事細かに報告させ、部下のやり方にいちいち口を挟むのは、人を管理していることになります。

ただし、いまどきの若者たちは、これまでずっと管理されてきています。「みんなと同じがいい」と考えるのは、学校や家庭でそう教えられてきたからです。公務員のような安定職を望む傾向があるのも、そのように教育されてきたからでしょう。

社畜という言葉があるように、思考まで洗脳されているのは奴隷のようなものです。奴隷のような生活から部下を脱却させるには、自主性を引き出して洗脳を解くしかありません。

そのためには**上司は部下を管理せず、多少の失敗には目をつぶり、小さなことでも結果を出したら「よくできた」と褒める**のが一番です。

甘いんじゃないのか？　そう思うかもしれません。しかし、結果を出してほしいから部下に仕事を任せるのであって、部下を自分の思いどおりに動かしたいから仕事を任せるのではありません。そのことを、いま一度自覚すべきなのです。

⚙ うまくいっている仕事にまで口出ししない

24 〝職場の空気〟を軽くする

私がコンサルティングをしている、関西のある会社の話です。

その会社は家電や自動車などの部品をつくる製造業で、社員は八〇名ほどの中小企業です。

私がこの会社を訪れてまず感じたことは、**「職場の空気が重たい」**ということでした。事前の調査では、業績は決して悪くなかったのですが、事務所にいる社員の表情はみな暗くて、私が「こんにちは」と声をかけても、黙ってペコリと頭を下げるだけです。

社長さんが、「いやいや、池本先生、遠いところをどうもどうも」と私を出迎えに職場に出てきた瞬間、その場にいた社員たちがビクッと緊張したのがわかりました。

職場の空気が重たい原因は、創業者であるこの社長さんであるのは明らかです。

社長さんは、裏表のない性格で、私がいる前でも、社員に「何をモタモタしとんねん。はよ、お茶を入れえや」と叱り飛ばすような方でした。

工場も見学させてもらったのですが、一歩足を踏み入れると、「何トロトロ動いてんねん！」という怒鳴り声が響いていました。社長さんと同じように、**部下を叱り飛ばす「リトル社長」が上司に多い**のだな、とわかりました。上司がみんな「リトル社長」――カリスマタイプの創業者がいる中小企業でよく見かける光景です。

工場で働いている社員たちは、事務所で働いている社員以上に緊張して、怯えきっているような印象でした。ちょっとでも失敗したらすぐに怒鳴られるのでしょう。

私は見学を終えて、開口一番、「社長さんも、上司の方も、もう怒鳴るのはやめてください。そうしないと、社員はやがてみんな逃げてしまいますよ」とお伝えしました。

ミスを恐れると、社員は萎縮するのでさらなるミスを招きます。それどころか、ミスを報告するのを恐れて隠ぺいするようになれば、会社にとって死活問題です。

部下が失敗したときに、「何をやっているんだ！」と怒鳴らなくても、「まったく何をやっているんだ……」とあきれたようにいう上司は多いのではないでしょうか。これをいわれる部下は、怒られたのと同じくらい傷つきます。

もう一つ、よくあるのが、**「なぜこんな失敗をしたの？」という質問をすること**。もしかしたら、この「なぜ？」は、失敗をした部下に上司が最初にかける言葉の第一位かもしれません。聞く側の上司にとっては、ただ「事実」を知りたいがゆえの質問ですが、聞かれる部下にとっては追い詰められている印象を受ける言葉で、かなりこたえます。

それに、「なぜ？」と聞かれても、なぜミスを犯してしまったのか、自分では客観的にはっきりした理由がわからないこともあります。

しかし、そんなときに「なぜか、わかりません」とはいえません。もし正直にいったら、「なんでわからないんだ！」と上司からさらに責め立てられるのがわかっているからです。

となると、どうなるか？

部下は「嘘」をついたり、適当な「言い訳」をしてしまうのです。

何か失敗をしたとき、もっとも重要なことは何か？

批判することではなく、その結果（失敗）に至ってしまった「原因」を正確に知り、それを今後に生かすことです。

失敗した部下を責めてしまうと、繰り返しますが、部下は「嘘」をついたり、適当な「言い訳」をしたりしてしまうのです。すると、失敗の真の「原因」にたどり着けなくなってしまいます。

とくに、いまどきの若者たちは怒られることに慣れていません。だから責めることや責任追及はやめて、真の原因を突き止める必要があります。

「失敗は誰にでもある。でも次は同じ失敗をしないように、ミスを防ぐいい方法を考えてほしい」といって、本人にアイデアを出させるのです。

そうすれば部下も、失敗を反省しつつも前向きに「次からうまくやれる方法」を自ら考え、実践するでしょう。このように人を動かすことこそ、優秀な上司だと私は考えます。

ところで、先ほどご紹介した会社は、私がアドバイスをしたあと、社長や上司の方々は怒るのを我慢するようになりました。まだ完全になくなったわけではないのですが、先日会社を訪れたとき、社内に漂っていたピリピリムードはかなり緩和されていました。

社長さんがいうには、「たしかに、ミスも前より減っとるわ」とのこと。もう大丈夫でしょう。今後はもっと業績も上向くはずです。

「ミスの責任追及」はやめる

25 目標を「数値化」「文書化」させる

仕事をするうえで、「目標を立てる」のが大事なのはいうまでもありません。

私がコンサルティングをしているある企業では、111ページでご紹介した「ルール・ブック」に会社や部署の目標の他、個人の将来の目標を書き込めるようにしています。

目標を設定しないと、目先の仕事に追われるだけ。いますぐには実現できないような大きな目標を立てるのも、モチベーションをアップさせるために重要なのです。

上司が若い部下に指導しなくてはならないのは、「目標の立て方」でしょう。この目標設定しだいで、仕事の任せ方も変わってきます。

高すぎず、低すぎず、適正な目標を持たせるのも、部下を育てるための大事な要素です。

たとえば、前期に目標が達成できていないのに、「今期は前年比一二〇％を目指します！」という部下がいたら、「いや、現実を見なさい」となるでしょう。

高い目標をモチベーションに突っ走れる部下ならそれでもいいと思いますが、たいていは息切れしてしまいます。将来的なヴィジョンとして高い目標を掲げることは大事ですが、現実的な目標としては、**「背伸びをすればなんとか手が届くかも」と思うラインが最適**です。

ダイエットも、高すぎる目標を立てるほど挫折します。そして、挫折を繰り返すと、自己嫌悪に陥るのです。達成不可能な目標を掲げるとうまくいかなかったときの反動が大きいので、目標の掲げ方を教えることは上司がおろそかにできない部下指導の一つです。

部下に「最適なライン」の目標を設定させるのは上司の腕の見せどころです。

部下の力量を見極め、「ここならなんとか届くだろう」という絶妙な計画を一緒に立ててあげてください。

そのときは、**部下に可能な限り数値化をさせ、根拠とともに提案させる**のです。

「広告の反応率が二〇％伸びているので、上半期はここまで増やせるはずです」

「広告の反応率が伸びたのはなんでかな？」

「WEBサイトがスマホ対応になったことが要因になっています。資料のご請求も、スマホの登録フォームからのご請求が増えています」

こうした根拠を聞き出し、目標設定にOKを出すかどうか、判断するのです。

むろん、**低すぎる目標でもダメ**です。いまどきの若者は自分に自信がないので、低い目標を立てるケースのほうが多いかもしれません。

そういう場合も、上司が、

「いまの君なら、これぐらいの数値でも達成できると思う。一緒に達成する方法を考えようか」

と上手に導いてあげればいいのです。

こうして最適な目標が立てられると、部下にはいい意味での緊張感が生まれます。背伸びをしてやっと届く目標です。部下はその背伸びの仕方、手の伸ばし方を考えるでしょう。

当然、その考えるという行為は、部下の成長につながります。ですから、最後まで真剣に考えてもらうためにも、途中で考えることを投げ出してしまうような高い設定は、やはり百害あって一利なし、なのです。

また、**目標を立てる場合は、文書にする**こと。

いつまでに何をする、ここまで達成する、といった目標は、上司と部下のいわば約束です。その約束を文書化しておけば、評価の際にも曖昧にならず、「約束していたことができたからプラス」「できなかったからマイナス」と、評価をスムーズに行なえます。

いうまでもありませんが、無計画なまま行動をさせるのはもってのほかです。無計画だと、上司は仕事の進み具合も達成度合いもわかりません。評価も適当になってしまうでしょう。部下が着実に成長できるよう、上司は丁寧に目標を立てさせ、フォローし、評価し、導いてあげてください。

✿ 高すぎず、低すぎず――絶妙な目標を立てさせよ

26 部下を「次なるリーダー」にする

落語家は、真打になってはじめて弟子を取れます。

前座のときは徹底的に師匠のお世話をし、二ツ目は師匠のお世話から解放されて独り立ちし、真打になって人を教え育てる側に回るのです。

上司も、部下を育てる仕事の最終目標は、部下がその仕事を誰かに教えられるようにすることです。つまり、**次のリーダーを育てるのがリーダーの仕事のゴール**です。「できる部下」を育て上げてもまだ道半ば。完成形は、「教えられる部下」を育て上げることです。

部下は上司（教える立場）になってみるとわかりますが、自分ではよくわかっているつもりでいたことが、「これは、なぜなのでしょう?」と聞かれて、うまく答えられないというのはよくあるケースです。これまで自分が感覚的にやってきたことを言葉（理屈）で伝えなければならなくなり、自分なりに勉強するので、そこで知識や理解が深まります。

そして上手に伝えられるようになれば、「できる人」から「教えられる人」に成長していきます。「任せる力」が身につけば、上司としての負担は格段と少なくなります。新たな仕事にチャレンジすることができるでしょう。

こうした**「成長の好循環」が生まれることによって、成長し続けるチーム、組織が生まれる**のです。

私が現在、ご相談を受けている、とある会社の話です。

その会社は医療施設や教育施設、オフィスなどで使う備品を、企画から製造までトータルで請け負う会社です。

その会社では、「多能工」の育成が大きな課題となっています。

いままで組み立ての人は組み立てしかできず、塗装の人は塗装しかできませんでした。そのような状態だと、どこかの部署に仕事が偏ったとき、パニックが起きるのです。

難しい塗装をしなければいけない案件が入ってきた。加工はすぐに終わったけれど、塗装の工程が滞ってしまった。するとあとに続く組み立ての部署はその間、待っていなくてはなりません。当然、時間のロスになります。これでは、効率性や生産性を向上させていくことは難しいでしょう。

そこで「多能工」の育成が必要になったのです。

忙しいときに、別部署から応援ができるようなマルチな職人がそろっていれば、柔軟な対応が可能となります。時間のロスを減らし製造過程全体の効率性、生産性をアップできます。

この会社はこれまで、部署を超えて技術を教え合うということをしてきませんでした。その指導を現場の人たちに任せると、最初は、「他の部署に仕事を教えている時間なんてない」と反対意見が噴出しました。

それを上層部が説得してなんとかやってもらったところ、他部署の人に仕事を教えることは、自分たちにとっても勉強になると気づいたのです。教えるために、さまざまなことをあらためて勉強しなければならなかったからです。その結果、自分たちの技術もさらに向上したのです。

同時に、新しい技術や知識を学べる楽しさも実感し、いまではさまざまな技術を身につけた「多能工」が助け合いながら効率的、生産的に仕事をする職場になりました。

このように**「教え合う環境」ができれば、それこそ部下は勝手に成長してくれます。**同じ部署内という縦の関係でも、他部署という横の関係でも、教え合えるようになれば、チームや組織の成長速度は必ず上がります。このことを上司はぜひ知っておくべきだと考えます。

なお、**部下に「教える仕事」を任せるときは、方法は本人に任せるべき**です。上司が口を出すのは、完全に間違ったことを教えているときだけ。そのときは、早めに手を打たなければなりません。この場合、「ここが違うと私は思う。君はどう思う？」といった問いかけをすることで、部下のやり方を軌道修正してあげてください。

「教え合う環境」をつくる

次のリーダーを育てるのが上司の役目

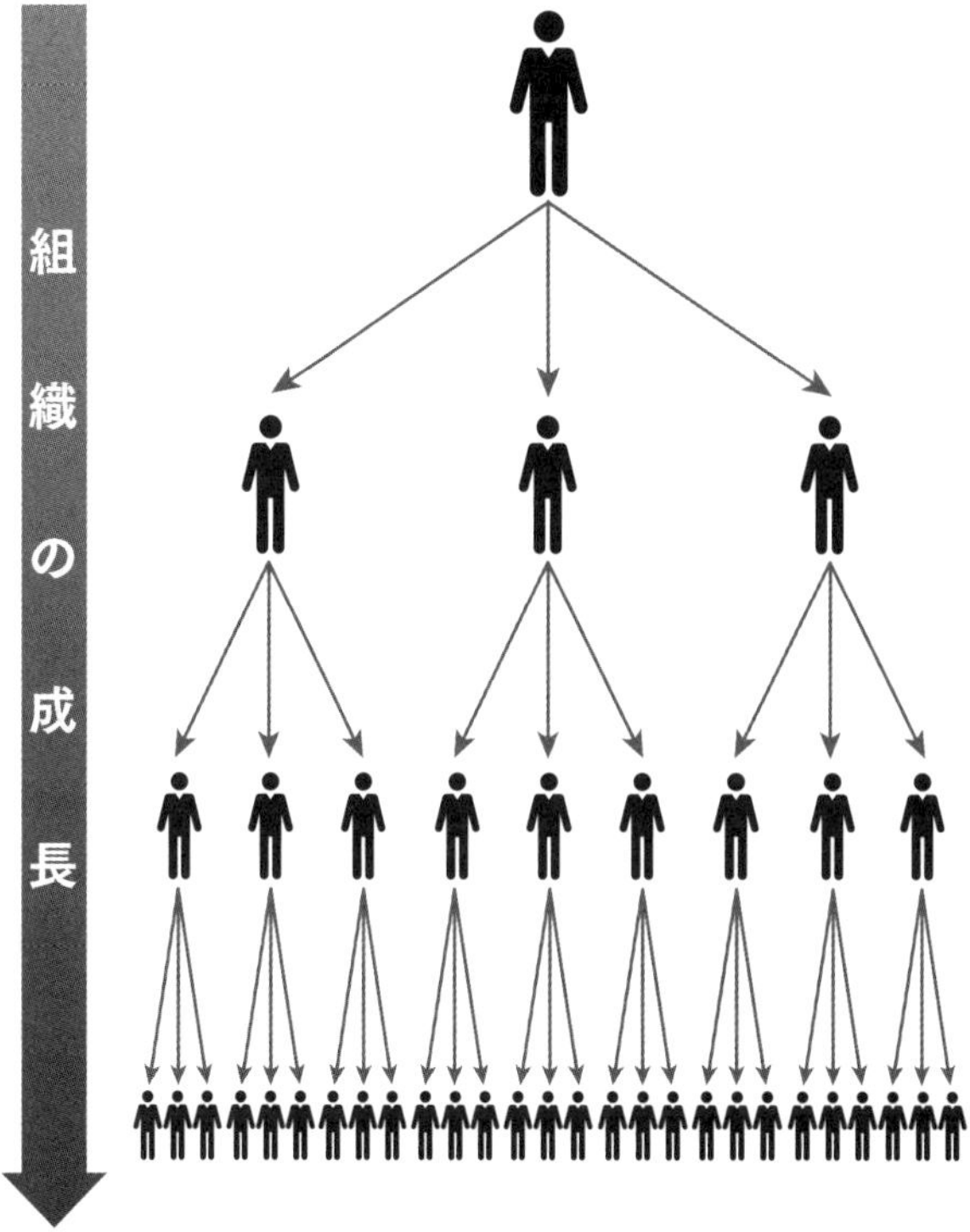

27 「上司のルール」を押しつけない

二〇一六年の春の選抜高校野球で、注目を集めた学校がありました。

それは、「二一世紀枠」で選ばれた香川県小豆島にある小豆島高校。選手一七人にマネジャー二人という、小規模なチームでした。二〇一七年には別の高校と統合し、これが小豆島高校として最初で最後の甲子園出場でした。

結果は一回戦敗退だったのですが、ユニークな練習方法が話題になりました。

通常の野球部では、監督が練習メニューを決めて、選手はそれに従うトップダウン方式です。しかし、小豆島高校野球部では、選手たちが自分で練習メニューを考え、監督はほとんど口を出さない方針なのです。

「ノックの練習は二〇分やると間延びするから、一五分でやる」「今日の練習では打球のコースを狙おう」と、選手たちで練習内容や目的、目標を考えているのです。

監督にいわれたとおりの練習をして上達したとしても、しょせん、それは監督の手柄。**自分たちで考えた方法で上達したとき、本物の自信が生まれます**。それが野球をする喜びにつながり、選手たちは生き生きとプレーできるようになったのです。

とはいえ、なんでも自由にやらせているわけではありません。

部室にはポジション別・月別の成長進捗計画書や、月別のチーム目標も貼ってあります。全部員になんらかの責任者になってもらう「一人一役リーダー制」を設けるなど、ルールがあったうえで自由に任せる部分があるのです（『高校野球ドットコム』の記事より）。「いまどきの若者」であっても、自分の頭で考えて動けるようになるという好例でしょう。私はこれが組織の理想形だと思います。

やはり、「ルール・ブック」や「チェックリスト」はトップダウンでつくるのではなく、現場の人たちも交えてつくるべきでしょう。

そして、**ルール・ブックやチェックリストに入れない業務に関しては、部下たちにやり方を任せること**。そこで上司が自分のルールを押しつけてしまったら、部下は自分で考えた方法で成長するチャンスをなくしてしまいます。

たとえば、部下が取引先に謝罪をしなければいけない場面があったとします。

そのとき上司が、「電話やメールよりも会いに行け！」と押しつけたとしたら、いまの若者は、それを大きな苦痛に感じるかもしれません。

「謝罪は直接会って行なうのが常識だ」というベテラン上司は多いでしょう。しかし、彼ら、彼女らの世代はメールやＳＮＳでのやりとりが普通です。人によってはメールのほうが上手に謝罪できる、うまく気持ちを伝えられる、ということもあるでしょう。謝罪を受ける相手も「いまどきの若者」なのであれば、もしかしたらメールのほうが好ましいと感じているかもしれません。

ですから、**まずは本人にとってやりやすい方法で行動してもらう**のです。それでも問題が収まらなければ、「私も一緒に行くから、直接出向いてお詫びをしよう」など、対処法を一緒に考えるのです。

部下に相談されたら、「取り急ぎお詫びのメールをして、近日中に必ず直接謝りに行くようにしているよ」と、「自分なりの方法」を教えるのなら問題ありません。部下が解決策を聞きたがっているのなら、「それぐらい自分の頭で考えろ」と突き放すのではなく、一つの選択肢を紹介するほうが彼ら、彼女らは行動に移せます。

上司は、部下に大きな失敗をさせず、小さな失敗を機に考えさせることも仕事です。

あるスポーツの名監督は「いいコーチは選手に教えない」という話をしていました。

コーチが「こうやってプレーしなさい」と押しつけると、選手はそれができないときに、コーチのスキルのせいだと考えてしまいます。

しかしそれでは選手は成長できません。だから、その選手の意図や特性を見極めて「もっとこうやっていったらどう?」「こういうやり方もあるよ」という「選択肢を与えて考えさせる」のがコーチの役割なのだそうです。

私も部下のコーチとして、上司はそうあるべきだと思います。**選択肢を与え、自ら考えさせ、失敗をしそうになったら大きな傷にならぬように、手を差し伸べる。**それが上司の役目なのです。

❂「ルール外」は任せる。しかし、大失敗はさせない

28 「超できる部下」のノウハウをチームに取り込む

どんな職場にも、必ず一人や二人、「スーパープレーヤー」がいるものです。

上司としては、スーパープレーヤーにどんどん仕事を任せたくなります。特別な指導をしなくても、優秀な人間は自分の頭で考えながら行動し、結果も出してくれます。

しかし、**スーパープレーヤーに〝おんぶにだっこ〟になるのは、チームにとってリスクが高い**ことを忘れてはいけません。

もしそのスーパープレーヤーが異動になったり、転職してしまったりしたら、どうなりますか。抜けた翌日から現場は大混乱になります。

「あの人しかやり方を知らない」という状態、つまり「属人化」を放置しておくと、さまざまな問題が生じてしまうのです。

したがって、理想的なのは、**スーパープレーヤーのノウハウをみんなで共有できる**

ようにすること。そのノウハウを「仕組み化」できれば、強いチームになるのは間違いありません。

そのためにも、上司は、個人プレーだけではなく、チームプレーもできるようにスーパープレーヤーをうまく導かなくてはなりません。後輩に教える業務を積極的に任せたり、チームで勉強会を開いてみんなにノウハウを教えさせる場を設けたり、つまり、スーパープレーヤーに「人に教える側」に回ってもらうよう導くのです。

スーパープレーヤーにしかできない独自の方法もあるでしょう。そのままでは再現性がないのなら本人にもそのように伝えて、再現化できる方法まで考えてもらいます。

もちろん、スーパープレーヤーには、人に教えるぶんの「見返り」――給与アップなどは必要になります。

繰り返しますが、個人プレーだけではなく、チームプレーもできるよう、スーパープレーヤーをうまく導く。これは上司の手腕にかかっています。

たとえば、腕のいい職人というのはまさにスーパープレーヤーですが、職人の世界でも、自分の培った技術と感覚を弟子たちに継承するため、仕事を「仕組み化」しようと努力しています。

昔の料理人、とくに和食の世界は下積み期間が長く、「仕事は見て盗め」という考えが当たり前でした。また、レシピも細かく伝えられておらず、「うす塩で」とか「さっと湯がく」といった、曖昧なものが大半です。

しかしいまは、ミシュランの三つ星を獲得する京都の老舗料亭「菊乃井」三代目主人、村田吉弘氏のように、古い慣習にとらわれず、和食に再現性を、そして人材育成に仕組み化を取り入れている方もいます。菊乃井では指導係という制度があり、一年目の新人には二年目の料理人が指導します。さらに、二年目の料理人には三年目の料理人が指導する、という決まりがあるそうです。

そのとき、教える先輩側は、「感覚」で指導をすることが禁止されています。つまり**「なぜ、そうなるのか」という理由を、調理温度や分量などの数値も含めて、科学的に、具体的に伝えなければならない**のだそうです。

また菊乃井には「菊乃井大全集」という、すべてのレシピの材料や調理方法が事細かに記されているファイルがあり、これを読めば誰でも村田氏の料理をつくることが

「スーパープレーヤー部下」のトリセツ

手順① ノウハウを「仕組み化」させる

手順② 「仕組み」を人に教えさせる

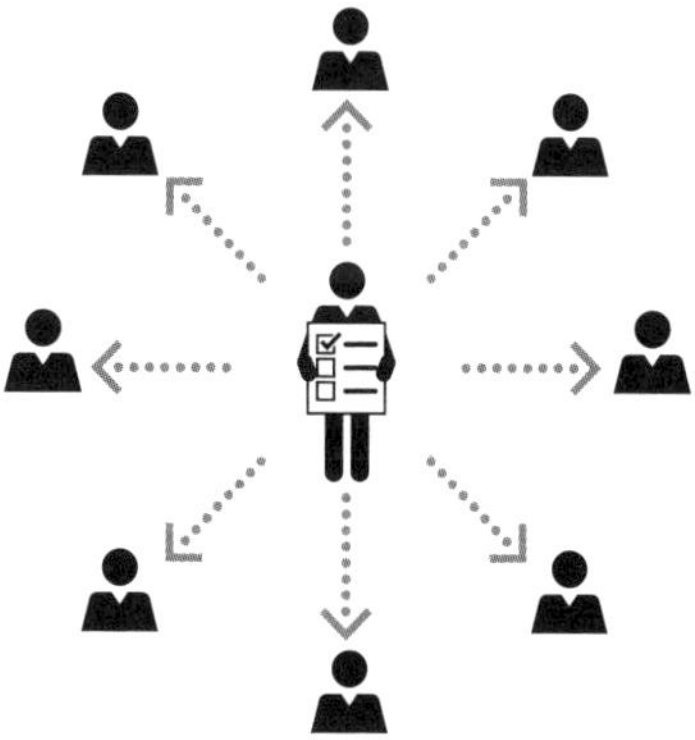

できるようになっています。

こうした仕組みをつくり、任せられる人が増えれば、ご主人は自分が現場に付きっきりになる必要がありません。すると時間ができます。できた時間を利用して料理の新作を考えられるでしょうし、和食を世界に広めるような啓蒙活動もできます。

だから、スーパープレーヤーのノウハウを仕組み化するのは大事なのです。

スーパープレーヤーというのは、優秀なだけにプライドが高く、上司のいうことを素直に聞かない人も多いでしょう。

しかし、スーパープレーヤーをチームに取り込んで、チーム全体の成果をあげられれば、上司であるあなたの評価も上がっていくのです。

スーパープレーヤーを〝懐柔〟せよ

第4章

部下のやる気を引き出す「見返り」の与え方

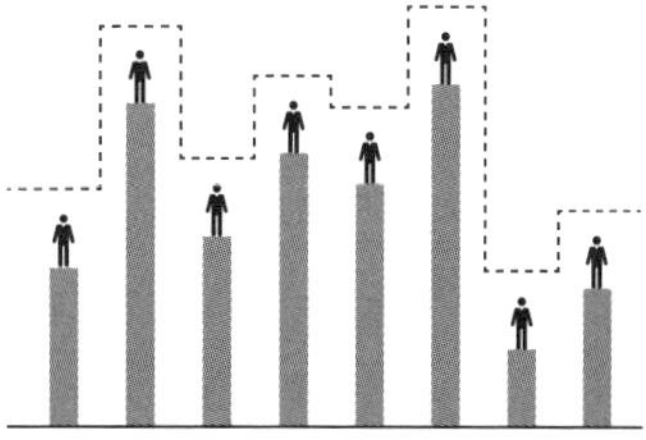

29 見返りは「すぐに」「何度も」「欲しいもの」を与えよ

打たれ弱くて、ガツガツしていない「いまどき部下」に仕事を任せるときは、人選を誤らないことと、部下が自分で考えて動き出せるようなルールづくりが大事であることは、ここまでに述べてきました。

しかし、それだけで部下は動いてくれません。目まぐるしく変化するビジネス環境の中で、いまの若者たちが仕事に対するモチベーションを失わないようにするためには、**相応の「見返り」が必要**です。

見返りとは、給料やボーナスアップのような金銭面に限らず、表彰などで評価する制度や日常的なフィードバックも含まれます。いまどきの若い部下のエンジンに火をつけるには、なんらかのアクションが必要なのです。

ただし、形式的な見返りでは、いまの若者の心を動かせません。部下のやる気を引き出す見返りの与え方には、必ず守らなければならない三つのルールがあります。

①結果が出たらすぐに与える

従来の「マネジメント本」でも「部下を褒めることが大事」と繰り返し説明されています。それについては、私もそのとおりだと考えています。ただし、「いまどき部下」の場合は、従来よりも〝早く褒める〟ことが必要です。

その理由は三つあります。

一つ目は、自分がやった仕事で何が評価されたのかをわかりやすくするためです。最近の若者は、ＳＮＳで、「いいね！」とすぐに反応が返ってくることに慣れています。相手の反応がすぐに返ってこないと不安になるのです。

だから、**部下がいい結果を出したら「その場」で「すぐに」褒めること**。一週間後のミーティングで、「先週のクライアントへの対応、よかったよ」と褒めても、時間が経ちすぎてピンと来ないでしょう。

ただし、おおげさに「すばらしい！」と褒めたたえるのではなく、さりげなく、しかし具体的に、「いまの電話の対応はここがよかった」「資料のここがよくできていた」と褒めるのがコツです。

二つ目は、いまどきの若者は「褒めて育てる」という環境で育ってきたので、結果が出ても出なくてもなんらかの形で「承認」されることに慣れているからです。

公益財団法人日本生産性本部が発表した調査結果によると、部下を褒めていると考えている課長は七八・四％だったのに対し、上司に褒められていると回答した一般社員は四八・六％でした。

この結果からも、その場で褒めないとますます「上司が評価してくれない」と思われる可能性があることがわかります。

三つ目は、結果を出して評価されれば、自分のしていることが会社やまわりの人の役に立っているのだと理解してもらえるからです。

自分に自信が持てず、誰かからの評価を受けないと絶えず不安だと感じてしまういまの若者は、「この会社の中で生きていけるのだろうか？」と心配しています。いわゆる「居場所がない」と感じてしまうのです。彼ら、彼女らが、会社という社会の中で「生きていきたい」という生存欲求のようなものを満たすために、すぐに見返りを与えることには効果があると思います。

ただし、褒めるときは、〝余計な一言〟を加えないようにしてください。「調子のいいときこそ謙虚さが必要だぞ」とか「この調子でもっと頑張れ」などとプレッシャーをかけるのは逆効果になります。

②小さな見返りを何度も与える

いまどきの若い部下が喜ぶ見返りとはなんでしょうか？

「お金」は誰でも嬉しいと思いますが、経営者以外の上司が自分の裁量でお金を見返りとするのは難しいでしょう。

そもそも、お金でモチベーションを上げようとするのはもう通用しない方法です。

彼ら、彼女らがもらって喜ぶ見返りは、何も金銭や物品に限りません。

現代の日本ではものが有り余っているし、少子化の影響で子どもの頃から好きなものを買い与えられている若者は大勢います。そのうえ、マイホームや車にも興味がないという若者も多いので、価値観が違うのです。

私は、大きな見返りを一度与えるより、小さな見返りを何度も与えるほうがいまの若者の心を動かせると考えています。

仕事を頑張った部下に対して、みんなで拍手をするだけでもいいし、いままでお話ししてきたように「よくやったね」と声をかけるだけでも効果はあります。ボクシングのジャブのように**頻度を高く、細かく、いいことが起きたらすぐに評価すれば、相手の心に響く**のです。

たとえば、スターバックスが採用している「GABカード」は、その好例になります。

GABカードとは、「参加する」「思いやりを持つ」などスターバックスのミッションと行動指針を反映した意味を持つ五枚のカードのことです。

ある日、店が混み合っているときに、次々に注文が入って新人のスタッフが対応しきれずに困っていたとします。そういう場面で同僚や上司が仕事を手伝ってくれたとしたら、「ありがたい」と思うでしょう。

ＧＡＢカードは、裏面にメッセージを書き込めるようになっています。そこで、「思いやりを持つ」のカードに「店が混雑していっぱいいっぱいになっていた私を気遣ってサポートしてくれて、助かりました」などというメッセージを書いて相手に渡すのです。

上司が部下に対して「ＧＡＢカード」を渡すこともあります。これはまさに、小さなインセンティブを何度も与える行為になります。カードをもらった側は、自分の行動が人の役に立ち、評価された喜びを感じるでしょう。しかも、カードは形として残るので、いい方法だと思います。

スターバックスと同じ方法をチームに取り入れるのは難しいかもしれませんが、部下に「今日は手伝ってくれてありがとう。助かりました」と**短いメッセージを書いたメモを渡す**だけでも、効果はあります。

③求めている見返りをリサーチして用意する

いまどきの若者が何を考え、何を望んでいるのか、わからない。

そう考える人は、相手に何が欲しいのかを直接聞いてみるのはいかがでしょうか。

なかにはお金を欲しがる人もいますし、「時間が欲しい」「友達が欲しい」と予想外の答えが返ってくる可能性もあります。

ある会社では、現金一万円を「金一封」として渡そうとしたところ、「現金は生々しくて嫌なので受け取りたくない。ただ、商品券をもらうのならOK」などという社員が少なくなかったそうです。年輩の人にとっては理解に苦しむところでしょうが、いまどきの若者はそのように考えているのです。

他にも、「ボーナスを人前でもらうのは嫌」だとか、部署内でプロジェクトを達成してみんなでおいしいものを食べに行こうというときに、「そういう場には行きたくないです」という若者もいます。

そのような部下に「人前でお金をもらうのがなぜ嫌なの？」「なんで飲み会に行かないの？」などと問い詰めても意味はありません。嫌なものは嫌なのです。

それよりもいまの若者はそうなんだと割り切って、その人が望むこと、求めていることに応えるよう努めましょう。

一人ひとりの要望や要求に全部合わせるのは難しいかもしれません。それでも、一律にするよりは、なるべく個人個人の要望や要求に応えるほうが、「自分のことをわかってくれている」と部下は感じます。

普段の部下との何気ない雑談の中で部下が好きなこと、好きなものをリサーチしておきましょう。そこまで気を遣わないといけないの？　と思うかもしれませんが、「いまどき部下」を動かすには、そういった細やかな対応が不可欠なのです。

「いまどき部下」のエンジンに火をつける

30 プロセスも「評価基準」に加える

岐阜県にある電気設備資材メーカーの未来工業はメディアでもよく紹介されているので、ご存じの方も多いでしょう。

創業者の山田昭男氏はユニークな経営手法を次々と考えたことで有名ですが、その中の一つ、「社内提案制度」は一九七七年にはじまり、いまも同社に根づいています。

社内提案制度は、社内の環境や仕事の方法で改善したいアイデアを提案すれば一件につき五〇〇円もらえるという制度です。提案が採用されて高く評価されれば、最高で三万円をもらえます。

アイデアはどんなものでもかまいません。食堂のメニュー改善などでもいいそうです。

未来工業の玄関にはタクシー待ちをするお客さまのために椅子が何脚か置いてある

のですが、これも社員から出たアイデア。そして、アイデアが採用された箇所には、提案者の名前と内容を記載したシールが貼られています。

この会社は、まさに「小さな見返り」を何度も与えているのです。年間約九〇〇〇件のアイデアが提案されるのは、その見返りが間違いなく効いているのでしょう。

また、**採用されなくても見返りを与える**というのもポイントだと思います。

採用されたアイデアだけに報奨金を払っていたら、採用されなかった人たちのモチベーションは落ちてしまいます。いつも決まった人だけアイデアを出して採用されることになるでしょう。**全員が参加するように見返りのハードルを下げると、全員が社内の改善点を真剣に考えるようになる**のです。

たとえ結果が悪かったとしてもプロセスはすぐれていたとか、本人に落ち度はなかったのに会社の方針などで結果に結びつかなかったということもあります。

私は、いい結果が出なかった場合も評価はゼロではなくて、やはりプロセスも含めて見返りを用意したほうがいいと考えています。未来工業のように数百円のインセンティブを用意するのもいいでしょうが、「最後まであきらめずによく粘った」というねぎらいの言葉をかけるのも見返りの一つです。

何事も、簡単には結果が出ないことは、上司自身がよく知っているはずです。いますぐに結果を出せなくても、いつか結果を出せるようになると信じ、**部下がやる気を失わないようにプロセスを評価し続けるのも、上司の役割**なのだと考えてください。

売上目標などを立てると、その達成度（結果）だけを評価基準にしがちです。しかし、顧客に対して強引にアプローチして契約を結んだ場合と、丁寧にアプローチしても契約を結べなかった場合があり、前者ばかりを評価していたら企業の将来はありません。みんな強引なアプローチをしはじめ、いずれ顧客が離れていき、経営は悪化していくでしょう。

目先の利益だけにとらわれず、企業の将来も視野に入れるなら、結果だけでなくプロセスも同時に評価するべきです。

✿ 見返りのハードルを下げる

チャレンジングな部下を育てる見返りの心得

見返りの条件を厳しくすると……

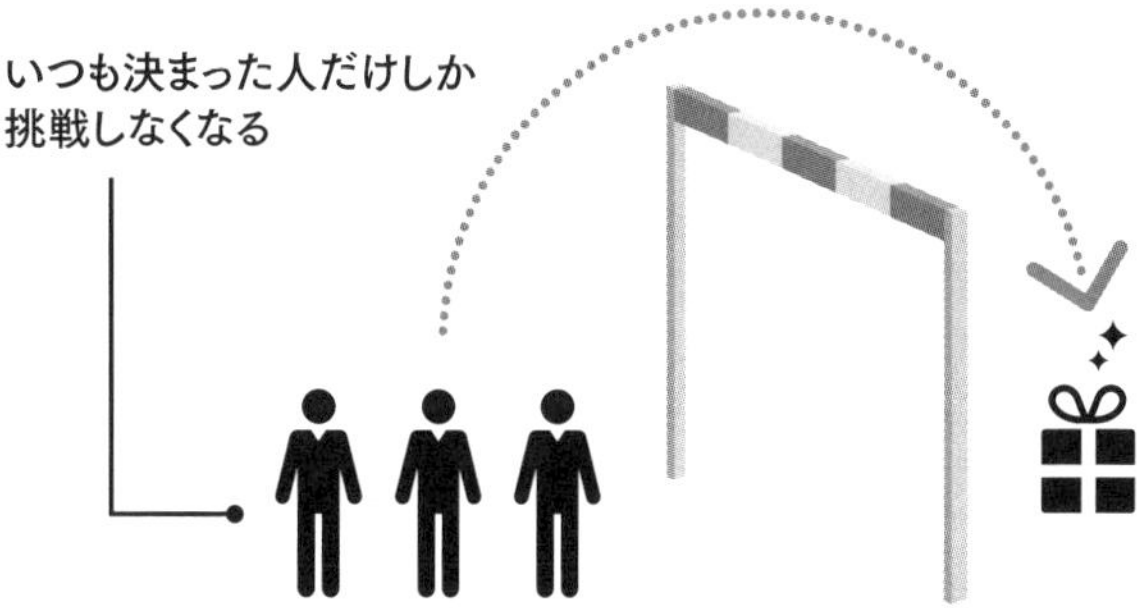
いつも決まった人だけしか
挑戦しなくなる

見返りの条件を簡単にすると……

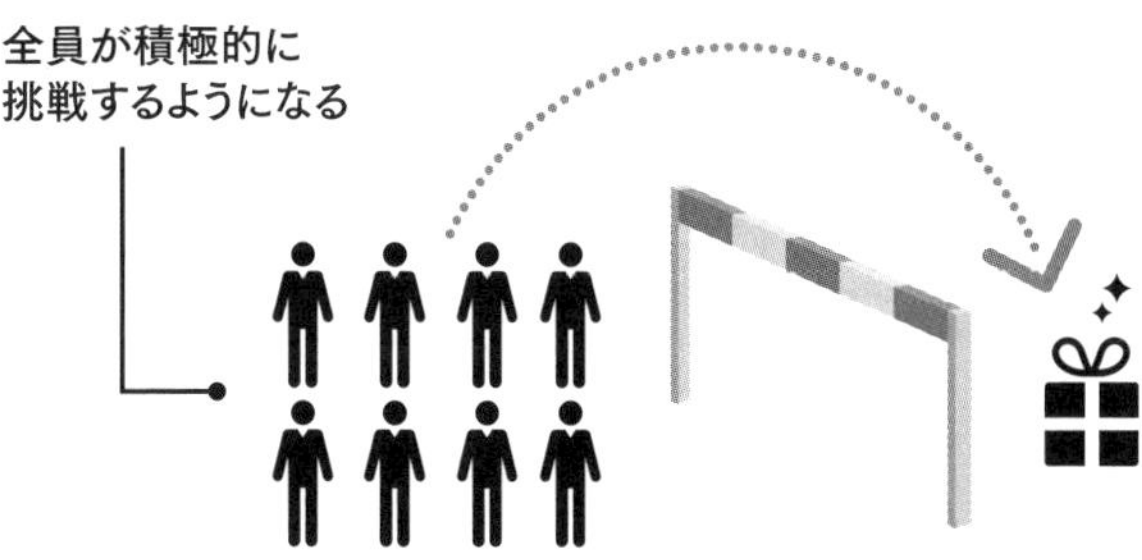
全員が積極的に
挑戦するようになる

31

「君の仕事で、私たちにこんないい変化があった」

部下をどう褒めるか、というテーマの本が書店にあふれていますが、それだけ部下の褒め方で悩んでいる上司が多くいるということでしょう。

そういう上司はおそらく**「褒める」ということと、「おだてる」ということを混同しているの**かもしれません。

バブル崩壊後、「コーチング」が日本に入ってきたばかりの頃、「とにかくなんでもいいから部下を褒めろ」と勧める傾向がありました。たしかに「褒める」ことは大事なのですが、「すばらしい！」「さすが！」「すごい！」となんの根拠もなく頻繁に褒めていたら、さすがに部下も上司が心からいっていないことがわかるし、逆になんだかバカにされているような気持ちにさえなるでしょう。

では、何をどう褒めればいいのか？

あなたが、部下に何か仕事を任せたとします。そして部下がその仕事をよくやってくれたとします。そのとき、あなたに起きた「変化」を伝えるのです。

たとえば、「よくやってくれた」とだけいうのと、「君がよくやってくれたおかげで、私は助かった。A社への対応に力を注げたよ」といったように伝えるのでは、どちらを相手は認められたと感じるでしょうか。断然、後者だと思います。何か特別なことをいっているわけではなく、自分に起きた事実を伝えているだけです。うまく褒められなくて悩んでいる人でも、これなら簡単にできるはずです。

伝える側が**「あなたの仕事によって、私にこんな変化があったんだよ」**というと、そこには何より「リアリティ」が生まれます。

結果的に「君の働きを認めている」というメッセージとして部下の心に強く残るというわけです。

プレゼンの資料づくりに部下が尽力してくれたとします。

「君に資料づくりを任せたから、僕はプレゼンの準備に時間をかけることができた。おかげでうまくいったよ」と事実を伝えたら、部下は自分がどのような貢献をしているのかがわかるでしょう。

こうした「私」に起きた変化を話すことで、相手に「認められた」と感じてもらうメッセージの伝え方は「Iメッセージ」《アイ》と呼ばれ、よりよい人間関係を構築するためのコミュニケーションスキルとして使われています。

また、**自分以外のまわりに起きたよい変化を伝えるのは、さらに有効**です。

「君がこの仕事をできるようになったから、部署内の仕事のスピードが格段に上がった。そのぶん仕事を早く渡せるから、他の部署も喜んでいるよ」

こう伝えると、部下は自分の作業が他の部署にどのような好影響を与えているのかがわかります。

最近の若者は、人の役に立てることに喜びを感じる傾向があるので、どんな小さな仕事であっても、誰かのためになっているのだと知ると、やりがいを感じるでしょう。全体思考も養えるので、部下の視野を広げるきっかけになります。

「君はよく頑張っているよ」だけでは、部下の視野は外に向けられません。他の人や部署がいい評価をしているというのはリアリティがあるので、ここぞという場面で使うと、部下のやる気に火をつけられます。

また、こういう褒め方は、仕事以外でも、あらゆる人間関係で通用します。家族や友人、恋人に対しても、「自分はあなたのおかげでこうなった」といい変化を伝えてみてください。相手との距離感がもっと縮まります。

部下に「貢献度」を伝える

32 会社・チーム・個人のスコアを見える化する

私のクライアント先に、アロマテラピーの施術のお店を経営している人がいます。この方は、イギリスに留学してアロマテラピーを学んだ本格派です。

アロマテラピーは女性が対象というイメージがありますが、そのお店では男性にも利用してほしいと、スポーツアロマも取り扱っていました。立地もよく、男性も入りやすそうな店構えです。

ところが、固定客がある程度定着してから、集客に伸び悩んでしまったのです。そこで、どうすれば顧客を増やせるかということを私がアドバイスすることになりました。

ミーティングに参加すると、このお店の幹部たちは、「今月の残りの営業日は、あと五日です。だけど、今月の目標である新規客二〇人の獲得には、あと九人も必要です」「どうしようか。それならチラシでもまきますか？」のような会話をしていたのです。聞くと、毎月そんな感じのミーティングをしているとのこと。これでは、集客をするのは難しいでしょう。

そこで私は、「実働スタッフは何人ですか？」と質問しました。すると「六人です」との答えです。そこで、「では、残りの五日間で、それぞれのスタッフが新規客を一・五人ずつ獲得すればいいわけです」と伝えました。そして、スタッフ全員を集めて、このことを説明し、また紙に書いてスタッフルームに貼り出しました。

「五日間で、九人の新規客の獲得」だと大変だ、難しいというイメージが先行してしまいますが、「五日間で、一人一・五人の新規客の獲得」ならば、「できるかも」「なんとかなる」という空気になり、全員がやる気になり、スタッフ全員が一丸となって接客に励むようになりました。

さらに、「薬の整理整頓しませんか？」というコピーを考えて店の入口に貼り出したり、値段を下げて売っていた賞味期限が近いサプリメントの無料提供キャンペーンを行なったりしました。

その結果、どうなったか。「五日間で、一人一・五人の新規客の獲得」という目標を上回り、それぞれのスタッフが各二人の新規客を獲得することができました。売上目標も大幅に上回ることになったのです。

このお店は、いまでは毎月、売上目標や新規客の獲得数目標を表にしてスタッフルームに貼り出しています。

私は、このように数値を表にすることを「スコア化」と呼んでいます。

昔から、営業部では営業マンたちの成績を「スコア化」して貼り出していましたが、あらゆる業種でそれをすべきなのです。

ただし、個人の数値だけではダメ。それだと個人同士の競い合いだけになってしまいます。ときにはそれが足の引っ張り合いに発展してしまう危険性もあります。

必要なのは、**「個人の目標スコア」だけではなく「チームの目標スコア」と、さらに「会社の目標スコア」の三つ**です。

「会社の目標スコア」は、企業全体の収益目標や目標売上高の数値で、「チームの目標スコア」はそれをもとに割り出した部門ごとの目標数値になります。直接売上に関

全体思考が身につく3つの「スコア化」

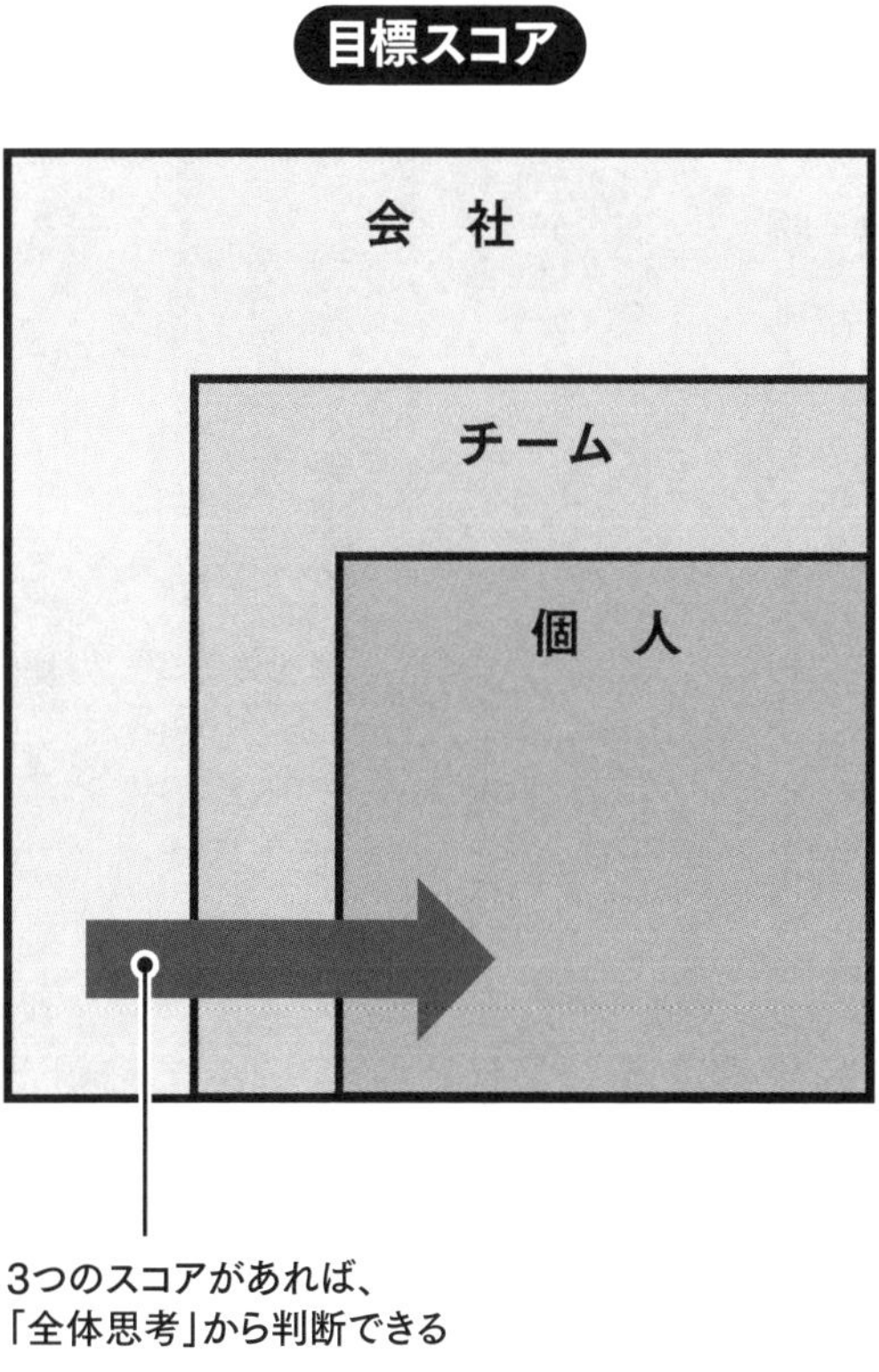
目標スコア
会　社
チーム
個　人
3つのスコアがあれば、
「全体思考」から判断できる

係する営業部だけではなく、企画開発部なら「今年は新商品一〇点を発売する」のような数値にできるでしょう。その「チームの目標スコア」をもとに、「個人の目標スコア」を決めるのです。

三つの目標スコアを見える化するのは、互いに競い合わせるためではなく、「チームの目標スコア」や「会社の目標スコア」に自分がどれくらい貢献できているのか、あるいは貢献が足りていないのかを全体的に把握するため。**三つのスコアがあれば「全体思考」から判断できる**のです。

人はただの単純作業をつらく感じます。トンネルを掘る作業をする場合、現在どこまで掘り進んでいるのかがわからなければ、あとどのくらい掘ればいいのか、一日にどのくらい掘れば期日に間に合うのかがわからず、精神的につらくなりモチベーションが下がります。

反対に、いまどこまで掘り進んでいて、あと何キロメートル掘れば貫通するのかがわかっていれば、期日に間に合わせるためには一日に何メートル掘ればいいか、そのためには一人何時間作業をすればいいかがわかります。数値がわかっていれば、モチベーションが下がることはありません。

部下にとっても、自分の成果だけではなく、「チーム」や「会社」にどれだけ貢献できているのかがはっきりわかるほうが、断然、やる気につながるのです。なぜなら、**人にとって「貢献欲」が満たされるというのは、大きな「見返り」の一つ**だからです。

部下の「全体思考」を育てる

33

一度決めた「見返り条件」は絶対変えない

「見返り」を与えるとき、絶対にやってはいけないことがあります。

それは、最初に決めた条件を、合理的な理由もなく後出しで変更してしまうこと。

たとえば、売上一〇〇〇万円を達成したら特別ボーナスを出すという約束をしたとします。最初に決めた条件どおり、目標を達成した人にボーナスが支払われるのであれば問題ありません。

しかし、売上一〇〇〇万円を達成したにもかかわらず、新規顧客の開拓が少なかったことを理由に、「やっぱり、新規顧客をあと三人獲得しないと特別ボーナスは渡せないいな」などと**条件を後出しでつけ加えるのは厳禁**です。

これは、完全に信頼を失います。

もし、売上一〇〇〇万円の目標設定が甘すぎて、簡単に達成できてしまったとしても、特別ボーナスはきちんと支払わなければなりません。

私のクライアント先のある企業は、**「報酬の見える化」**をしています。

前期の営業利益の何％がボーナスの原資になるかを決め、配分ルールも明らかにしているのです。それも、全員に均等に支払うのではなく、営業成績がいい人から順に、三％、二・五％、二％……と、多くもらえるようになっています。

重要なのは、「たとえ入社して一年目の新入社員であっても、営業成績が一位になったら、誰よりも多くボーナスをもらえる」という点です。これはなかなか勇気がいるルールで、経験の浅い人が上位になると、必ずといっていいほど、ベテラン社員から不満が噴出します。

「たまたま担当したエリアがよかっただけだ。自分はいままで売上が出ていないエリアを任されていたのに、不公平だ」

「新入社員がいちばん多くボーナスをもらったら、いままで何十年も働いてきた社員の士気が落ちる」

このようなもっともらしい理由をつけて、ルールを変えさせようとするのです。

しかし、**一度決めた「見返り」の条件は、何があっても変えてはいけない**のです。なぜなら、それは会社と社員が交わした約束になるからです。

会社の経営が悪化したといった特別な事情があるなら話は別ですが、一度決めた約束は必ず守らなければならないのだと肝に銘じてください。その代わりに、目標設定が甘かったら次のときにもっと厳しくすればいいだけです。

以前、私は富士登山競走という、富士山に走って登る競技に参加したことがあります。この富士登山競走で、私は成果と見返りのことを考えさせられました。

コースは、富士吉田市役所をスタートして富士山の五合目でゴールするコースと、山頂までのコースの二つ。「五合目コース」は約一五キロメートル、「山頂コース」は二一キロメートルですが、ずっと登りで酸素もどんどん薄くなりますし、足場も悪くて過酷です。通常のロードレースとはまったく違います。

私は「山頂コース」に参加したのですが、いちばんつらかったのは五合目を通過したときでした。

五合目でゴールした人は、もうお茶を飲んだり、おにぎりやスイカを食べたりしているのです。その横を駆け抜け、さらに山頂まで走らなければなりません。私は山頂まで走れる体力があると思ったのでエントリーしたのですが、このときは五合目で走るのをやめて、お茶やおにぎりという報酬を手に入れたいという誘惑に駆られました。

しかし誘惑を振りきってなんとか完走し、旅館に戻って汗を流そうと風呂場に行くと、「五合目コース」を走り終えた人がすでに入ったあとだから、お湯がものすごく汚い。

「自分のほうがしんどい思いをしたのに、その見返りがこれか……」と、思わず世の中の無情を嘆いてしまいました。

私がこのマラソンを主催していたなら、「五合目コース」に参加している人たちのスタートを遅らせて、「山頂コース」と同時刻にゴールできるように調整します。それなら、見返りの条件を同じにできます。さらに、「山頂コース」に参加した人たちへの見返りをもっと多くしても、「五合目コース」の人たちは文句をいわないでしょう。

しんどい思いをしたら、それ相応の見返りが欲しいと思うのは誰でも同じです。それを手に入れられないと損をした気持ちになってモチベーションが下がるのです。

ただし、条件を下げるのとは逆に、**最初に提示した条件を上回る見返りを与えるのは、基本的に問題ありません。**

たとえば、一〇〇〇万円の売上目標設定に対し、二〇〇〇万円の売上を出した場合。こういうときは結果に見合うようなプラスアルファの見返りが必要です。

目標を上回ったのに見返りの条件はそのままだと、「せっかく頑張ったのに同じボーナスしか出ないのか。であれば……」と、次からは目標に届くぐらいで力をセーブするでしょう。

✿ 部下との「約束」を必ず守る

34 「最終的な責任は私が取る。だからやれ」

この章でここまで述べてきたような「やる気を引き出す見返りのルール」に従って効果的に「見返り」を与え、モチベーション高く仕事に取り組ませたとしましょう。これで「いまどき部下」への仕事の任せ方は万全かというと、まだ大事な課題が残っています。

部下に仕事を任せた結果、失敗してしまったときは誰が責任を取るのか。

答えを先にいうと、責任を取るのは当然、仕事を任せた上司――つまり、あなたです。

部下が一生懸命仕事をして失敗したのであれば、その結果に対する責任は上司が取るべきです。それは「上司の心構え」というより、「上司の業務」そのものです。上司になったら責任からは逃れられないのです。

人は何か緊急事態や失敗に遭遇したときに、本性が現れます。

「お前の失敗のせいで、俺の立場が危うくなる！」と感情的に部下を怒鳴るような上司もいます。そういう人は上司以前に、人間として失格かもしれません。あるいは、部下の前では「俺がなんとかするよ」といっておきながら、陰では部下のせいにして自分は難を逃れるようなタイプもいます。

自分のしたことには責任を取る。これは当たり前ですが、人のしたことに対しても責任を取る。これは、かなりの覚悟がなくてはできません。

「リーダーのもっとも基本的な条件は、『フォロワー』（信頼してついてくる人）がいることだ」

これは、経営学者であるピーター・F・ドラッカーの言葉です。

金銭や上下関係によって相手を従わせるのではなく、「このリーダーに従いたい」と相手が自発的に思うような存在になりなさい、ということです。要するにリーダーには「人望」が何より重要だという意味です。

人望を得るために必要なのは「カリスマ性」ではありません。取るべき責任を取る覚悟を持ち、それを実践すること。その姿を見せることで部下を「あなたのフォロワー」にさせるのです。

そしてまた、ドラッカーは、

「リーダーシップとは正しいことを行なうことだ」

ともいっています。

とくに、いまどきの若者は、上司の利害のために動かされたり、責任を押しつけられたりすることを嫌います。上司の私利私欲で自分は動かされていないか、ということに彼ら、彼女らは敏感です。私利私欲を捨て去り、チームや全体のために「正しい」と思えることを実践するのがリーダーの役目なのです。

誰でも、仕事で失敗することがあるのは当たり前です。経験が浅かったり、その人に向いていない仕事だったり、という場合もあるでしょう。

しかし、仕事を「任せた側」には任せた責任があります。部下は上司の一挙手一投足を、常によく見ていますから、ごまかしは利きません。

たとえば、もし失敗したら会社に一億円の損害を及ぼす案件を部下に任せるとしましょう。

部下からすると「もし失敗したら一億円分の責任を取らなければいけないの？」などと不安になります。そこまでいかなくても、失敗したら出世できなくなる、減給されてしまうなど、さまざまな不安が押し寄せてきます。

難しい仕事にチャレンジする部下に対して、上司は「失敗したときのことは考えなくていい。最終的な責任は私が取る。だから全力でやれ」と背中を押してあげなくてはなりません。

責任を取らなくてはいけないというのは、誰にとっても非常に気が重い行為です。その負担を上司が代わりに背負って、部下の不安を和らげて安心感を醸成することが大事です。その**安心感をベースにしてはじめて部下は自分の能力や才能を存分に発揮できる**のです。

できる上司は、部下にとって常に「安心感」がある

35 「平等」ではなく、「公平」に評価する

部下を正当に評価するかどうかで、部下のやる気は大きく変わります。

大切なのは「公平感」です。

公平と似た言葉に「平等」がありますが、平等とは「イコール」、**公平とは「フェア」のこと**です。部下に見返りを与える際には、平等感よりも公平感を大切にしましょう。

たとえばチーム全体の仕事で成果が出て、一〇人の部下に総額一〇〇万円の特別ボーナスを支給するとします。

このとき、一〇人全員に一〇万円ずつ渡すのが「平等」の考え方です。一見いい方法のように感じますが、これだと仕事を頑張った人も、サボった人も一律で同じ金額になるため、成果を出した人や優秀な人は不満を持ちます。

それに対して、**働きに応じた評価をするのが公平**です。成果に大きく貢献したAさんには二〇万円、少ししか貢献していないBさんには五万円、というような分け方になります。成果に応じた評価を、全員が納得するように下すのは難しいことですが、チームメンバーのモチベーションを維持させるためにはフェアにする必要があります。

では、どのようにすれば公平を保てるのでしょうか？

一〇人の部下に総額一〇〇万円の特別ボーナスを出す例でも、「平等」にするのであれば簡単な割り算で答えが出せます。しかし、「公平」にするための絶対的な正解はありません。

一つの方法としては、部下の「目標設定」を公平にすることです。

私は、リーダーというのは部下の「評価」を公平にする前に、**部下の「目標設定」を公平にする**必要があると考えています。

「目標設定」を公平にしようとすると、たとえば、優秀な営業マンの目標は数値が高くなり、新人の営業マンの目標は低くなります。

しかし、そのほうが公平になるのです。ベテラン営業マンも新人営業マンも、たとえば一律に売上目標一〇〇〇万円としてしまうと、実際は二〇〇〇万円を売る力があるベテランは全力を出さなくても目標を超えることができ、ボーナスを多くもらえることになります。一方、新人は全力で頑張っても五〇〇万円しか売る力がありません。ですので一〇〇〇万円の売上目標など達成できませんし、当然、ボーナスもなしとなってしまいます。

新人営業マンとベテラン営業マンを同じ基準で評価するのは明らかにフェアではありません。

これでは新人営業マンがやる気を失ってしまう危険性があり、ベテラン営業マンが能力の出し惜しみをする危険性があります。

「目標設定」のポイントは、まず部下に自分で考えさせ、そのあとに上司がアドバイスを行ない、調整することです。部下の中には、自分の実力以上の目標を設定したがる人がいるし、実力以下の目標を設定したがる人もいます。

上司が「これは難しいだろう」といっても、「いいえ、頑張ります！」といって威勢だけはいい部下や、「もっとできるだろう」といっても「いいえ、私なんてまだまだです」といって逃げようとする部下がいるので、上司としては、そこを改めさせ、部下を納得させ、適正な目標に落とし込まなければなりません。

部下が自分の実力以上の目標を設定しようとしているならば、「そこまでの数字は達成できないと思う。この七五％くらいが私は適正だと思うが、どうだろう？」、あるいは部下が実力以下の目標を設定しようとしているならば、「君ならばもっとできるはずだ。二〇％アップでも達成できるよ」などと上司がアドバイスして、**それぞれの部下ごとに適正な目標を設定させること**。第3章でお伝えしたように、「部下にちょっと背伸びをさせる」ぐらいの目標ラインが最適です。

これには手間も時間もかかりますが、チーム内や組織内の「公平感」を保つには必要不可欠なプロセスなのです。

✪ 部下ごとに「適正な目標」を設定させる

「平等」よりも「公平」な目標を立てさせる

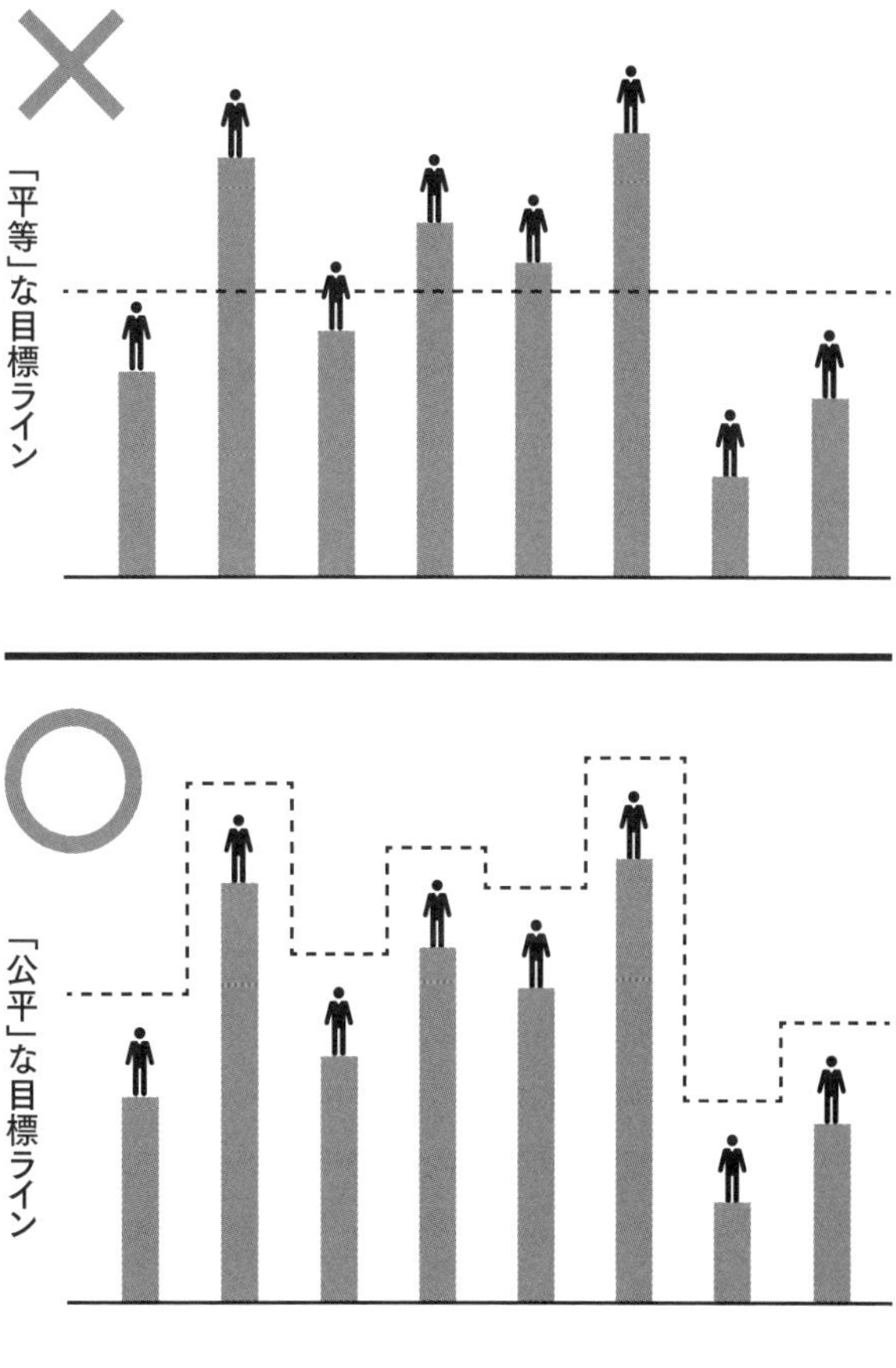

36 飲み会は「業務時間内」に行なう

「最近の若者は、飲みニケーションを嫌がる」

そう考えて、部下を誘うのを遠慮している上司も多いのではないでしょうか。

以前、サッポロビールが、社会人一～三年目の若者を対象に行なったアンケート調査によると、**先輩や上司と飲みに行きたいと思っている人が約八割もいました。**意外なことに「飲みニケーション」には好意的なのです。

「飲みニケーション」は部下への見返りとはいえないかもしれませんが、部下にとっても職場以外での先輩や上司の素顔を見られるチャンスであることは間違いありません。

私も会社では常に冗談を飛ばして、部下とはフランクに接しているつもりですが、それでもやはり社長と社員という関係上、その間には見えない壁があると感じています。その壁を取り払うには、会社以外の場でコミュニケーションを取るしかないのです。

「いまどき部下」とうまくコミュニケーションが取れないと感じているならなおのこと、上司は部下との「見えない壁」を取り払うための機会をつくる必要があります。

「飲みニケーション」のメリットには、次の三点があります。

・まとまったコミュニケーションの時間を取りやすい
・会社ではしづらいプライベートの話ができる
・部下から上司に話しかけるきっかけづくりになる

こうした効果に私が気づいたのは、自身でセミナーを開催するようになってからです。セミナーは有料であることも少なくありません。せっかくであればその機会を最大限に活用していただきたいのですが、いくら会場で「質問をどうぞ」といっても誰も手をあげないのです。

しかし、セミナー後に懇親会を開くと、質問が次々と出てきます。パブリックな場面では質問できないけれど、飲み会のような席なら話しかけられるという、日本人は恥ずかしがり屋の気質なのです。

そういう経験をしてから、**よいコミュニケーションを取るためにはパブリックではない〝プライベートな場〟をつくったほうがいい**のだとわかりました。

じつは、私も「飲みニケーションは必要ない」と一切しない時期がありました。ドクターシーラボにいたとき、私はよく部下とランチや夕食を一緒に食べていました。なるべくさまざまな部下を誘うようにしていましたが、私から食事に誘われる機会が少なかった人が、「社長はえこひいきをしている」と不満を漏らしているという噂が耳に入るようになったのです。

また、部下と食事に行った店に他の社員がいたら、同じテーブルでなくても私が支払うようにしていました。私としては社員への配慮でしていたのですが、「一緒に食事をしたわけでもないのに支払うなんて、かっこつけている」などといわれていたようなのです。

私の心はポキッと折れてしまい、それ以来、部下との「飲みニケーション」は一切しないことにしました。

いまの会社を設立してからも、しばらくは「飲みニケーション」をしていなかったのですが、前述のように、パブリックではないプライベートな場をつくったほうがいいと気づき、いまではまた「飲みニケーション」をときどき行なっています。

とはいえ、「朝まで居酒屋で飲む」などの昭和から続く「飲み」のスタイルでは、若者に嫌がられるのも無理はありません。

私が提案する新しい飲みニケーションのポイントは二つあります。

・業務時間内に飲みニケーションの時間をつくる

・アルコールがダメな人でも楽しめるような店を選ぶ

これらのポイントを押さえれば、「いまどき部下」が求める「飲み」のスタイルになります。

「飲みニケーション」が余興ではなく、仕事の一環であれば、若者も断る理由がありません。たとえば、月に一回、金曜日を利用して、午前中の業務のあとは若者に人気のおしゃれな店で食事会を開いて、午後三時には解散する、ということなら「参加しません」と断られないでしょう。

ただ、いきなり一対一で飲みに行くと、部下は身構えてしまうかもしれません。みんなで飲みに行く時間をつくるところからはじめてみてはいかがでしょうか。**打ち解けてきたら、一対一で誘ってみる**のです。そうなれば、部下のほうから自発的に悩みを相談してくれる可能性もあります。

普段からそういうコミュニケーションを取っていると、仕事を任せるときもスムーズに進めやすくなります。仕事を任せやすい環境をつくるためにも、「飲みニケーション」をぜひうまく実践していただきたいと思います。

「飲みニケーション」を余興ではなく仕事の一環にする

37 「やる気を出せ」はいってはいけない

学生時代、テストの勉強をしようと思っているところに母親から「勉強しなさい」といわれてやる気をなくした――。

そんなエピソードは、多くの人が持っていることでしょう。

部下に仕事を任せる場面でいってはいけない「一言」があります。「見返り」とは正反対の、モチベーションを一気に下げるＮＧワードを知らず知らずのうちに使っていないでしょうか。

●「やる気を出せ」

会社は人の気持ちを管理する場所ではありませんし、そのような権利も義務もありません。やる気があってもなくても、結果を出せば誰も何も文句はいえないでしょう。

上司が部下に求めるのは、つまるところ「成果を出すこと」。任せた仕事を求めるレベルまで遂行してもらえれば十分なはずです。

そもそも私は「やる気」の有無と仕事の成果は無関係だと考えています。部下がその人なりに必要な心構えを持って仕事にあたり、結果を出してくれればいいのです。

したがって、**上司が部下に伝えるべきことは「やる気を出せ」ではなく「結果を出せ」です。**

いまどきの若者に「結果を出せ」といったら追い詰めてしまうと思うかもしれませんが、会社は結果を出してもらうために給料を払っているので、その「事実」はわかってもらわないといけません。感情的にならずに、仕事というのは「結果」を出すためにするのだという「事実」を伝えれば、彼ら、彼女らも納得するでしょう。

●「頑張れ」

いまどきの若者を励ますために、ついいってしまいそうな一言です。

昔の若者なら「全力を尽くして頑張れ」「期待しているから頑張れ」といって肩を

叩いても問題はありませんでした。

しかし、いまの若者に同じことをするとプレッシャーを感じて萎縮してしまいます。決して期待を背負わせるような応援をしてはいけません。

私が最初に入社した会社で、海外に出向したことは前に述べましたが、当時はそれほど英語もうまく話せなかったし、マーケティングの知識などもほとんどなく、外国人との交渉経験も皆無でした。

あるとき、私は一人でクライアントのところに出張することになり、不安を抱えていました。すると、出発の日、上司が「Ikemoto, Believe yourself」と声をかけてくれたのです。

「自分を信じて、存分にやってこい」

という上司の気持ちが伝わって、肩の荷が下りたことをよく覚えています。

もしあのとき、上司から「このプロジェクトはすべて君にかかっているんだ」「今回の案件は重要だ。絶対にへまするな」なんていわれていたら、プレッシャーに押しつぶされていたかもしれません。

●「それぐらい、自分で考えろ」

「いまどき部下」の心を一瞬で折ってしまうぐらい、破壊力のある一言です。

ここまで述べてきたように、いまの若者は自分に自信がなく、人に何かちょっとしたことを聞くのさえ「嫌がられるかも」「迷惑をかけるかも」とためらうタイプが多いのです。

勇気を振り絞って上司に教えを請うたとき、「自分で考えろ」と突き放されたら、二度と質問しようとは思わないでしょう。わからなくても一人でずっと悩み続け、結果的にまわりに迷惑をかけ、そんな自分に対して、自己嫌悪に陥るのです。

ですので、**どんな小さなことであっても「教える」こと。そして「見守る」こと。**経験を積んで自信が生まれれば、やがて部下は自分の頭で考えるようになります。

✿モチベーションが下がる言葉を使わない

38 「ルールに縛られない判断・行動」もよしとする

部下を動かすときは、ただ信じて任せるだけではいけないこと、「ルール」が大事であることは再三述べてきましたが、ときにはルールを超えて部下を信じることも大事だということを、伝えておきたいと思います。

会社は組織で成り立っていますので、ルールに従って運営されています。部下のルール外の行動を上司が嫌がるのは、ある意味当然です。

しかし、それだけでは部下はルールに縛られて画一的な仕事しかできなくなり、成長できません。**ときには部下を信じ、ルールを破って臨機応変な対応をすることを認めてあげる**必要があります。

「いまどき部下」にルールを超えた仕事をさせるためには、上司が「ときにはルールを破ってもいいんだ」と伝えて、部下の背中を押さなくてはなりません。

少し古い話ですが、二〇一四年の二月、関東甲信越に降った記録的大雪で多くの高速道路がマヒし、通行止めになりました。中央自動車道でも多くの車が立ち往生する中、談合坂ＳＡに居合わせた山崎製パンの配送トラックのドライバーが、積んでいた菓子パンなどを他の車のドライバーに無償で提供しました。このことがツイッターでつぶやかれ、拡散されると、ツイッター上には「山崎パン、偉い」「リアルアンパンマンだ」と称賛の声があふれ、ニュースにもなりました。

運転手の機転に感謝の声が寄せられた山崎製パンは、「今回の件は、とくにルールで定めていたわけではありませんが、これまでも同じような取り組みをやってきました。自社の物流を生かせたと思っています」とコメント。山崎製パンでは東日本大震災のとき被災地にパンを届ける活動をした実績もあり、緊急時には同様の対応を取ることが徹底されているといいます。

もしも、このドライバーが「とにかく、決められた時刻に取引先に商品を届ける」というルールだけに縛られていたら、このような行動はできなかったでしょう。しかし、実際は決められた時刻に商品を届けるのは不可能な状態でした。

そして、多くの車が雪で立ち往生して、多くの人がお腹を空かせているという緊急事態です。このドライバーは一見ルールを逸脱しているようですが、じつは会社の経営方針に従って機転を利かせたのです。

コンプライアンスなど絶対に守らなければならないルールを逸脱するようなことは厳しく注意しなければなりません。それ以外の、**自分の裁量内でコントロールできることであれば、ルールに縛られない部下の思考や行動をよしとする。**それが大きな成功につながる可能性があります。

以前、私の会社が引っ越すときのことです。引っ越し先の内装工事を予定していたのですが、急な税務調査のために日にちを変えてほしいと管理会社に依頼をしました。すると、「必要な書類を全部出し直していただかないと、大家さんの了承を得られません」という返答がありました。

たしかに決められたルールでは、そういった急な変更を行なうときは必要な書類を全部出し直すようになっているのですが、大家さんにとっても、もう一度書類を確認しなければならないので面倒です。おそらく大家さんに口頭による変更のお願いをすれば「かまいません」ということになるでしょう。大家さんが了承さえすれば問題ありません。なのに、管理会社の担当者はなぜかかたくなに拒むのです。

しばらくして、その理由がわかりました。

オフィスが完成して、鍵の引き渡しのときにその担当者と上司が一緒にやってきました。私はそのとき不在だったのですが、その上司は、「私は社長の代理で来ているのに、おたくの社長はなぜいないのか?」と憮然としていたそうです。

私の部下が、「弊社の社長が同席するようにとはいわれていませんが」というと、担当者は「すみません、すみません」と上司にペコペコ謝っていたといいます。

どうやら、その上司は部下を完全に管理しないと気がすまないタイプなのでしょう。部下が変則的な対応をするのをよしとせず、自分のいうとおりに行動しないと、怒りを爆発させるのだと思います。

そんな会社のそんな上司のもとでは、いい部下は育ちません。それはつまり、その会社の未来はないということにもなるのです。

私だったら、事後報告でもまったく気にせず、「クライアントにも大家さんにも迷惑をかけてないから、問題ない。いい判断だよ」と評価したでしょう。

部下がルールから外れるのを許せないのは、部下を信用していないからです。それは、部下の問題ではなく、上司の資質に問題があるのではないでしょうか。

部下がやる気を出す見返りとしては、表彰制度なども大事ですが、いちばん大きい見返りは**上司からの「信頼」**かもしれません。上司から信じてもらって仕事を任せられているという使命感が、部下のやる気の源泉になるのです。

〝マニュアル人間〟に未来はない

39 なぜ、「この人」に部下はついてくるのか

部下に信頼される上司になるためには、どうすればいいのでしょうか？　本章の最後に、この問いに対する私なりの答えをご紹介したいと思います。これは上司にとっては永遠のテーマであり、私も日々考え続けています。

間違いなくいえることは、**「人間的な深み」がないと、部下からは尊敬されないだろう**ということ。人間的な深みとはさまざまな「体験」から生まれるものでもありますが、「知識」からも形づくられていきます。

知識といってもジャンルはさまざまです。経営コンサルタントの大前研一氏は、かねてから、**ビジネスにおいては「IT」「財務」「英語」のスキルが必要**であると提唱しています。

いまの時代、ビジネスとＩＴは切っても切れない関係にあります。実際に手を動か

すのはエンジニアだとしても、基本的な仕組みを理解していなければ、エンジニアの仕事をマネジメントすることはできません。

さらに、**リーダーとして会社や部署のビジネス戦略を考えるうえでは、ITの技術的な知識を持っているほうが有利**であることはいうまでもないでしょう。

そのレベルとしては、なんとなくわかる程度ではなく、書かれているプログラミングコードをきちんと理解できるところまでは求めたいもの。自身でもプログラミングできるぐらいのスキルを備えられれば、理想的です。

日本交通代表取締役会長である川鍋一朗氏は、多忙の合間を縫って短期集中型のプログラミング教育に参加されたそうです。IT情報サイト「ITpro」のインタビューで、川鍋氏は、

「（受講で得たものは）経営において全面的に生きると思う。大きいのがエンジニアの採用だ。内製開発でいいエンジニアを採るのを目指す以上、トップが技術を理解していることは絶対条件だ。人事や評価もそう」

と話しています。

会計や数字、税務に関する知識も必須です。決算書や財務諸表を読み解き、**自社や他社の状況を正しく分析できるというスキルは、昨今のビジネスパーソンには欠かせない能力です**。経営者あるいは経理部門でなくても、独立採算制の部署であれば、自身が貸借対照表や損益計算書を起こすこともありますから、興味さえ持っていれば実務で学べるでしょう。

会計に関するビジネス書や講座は、マネジャー層を対象にしたものも多数ありますから、比較的手軽に、自分のレベルに合ったものを選んで学習できると思います。

残りの英語については、語学堪能であればそれに越したことはありませんが、かつてと比べれば優先順位は下がっているかもしれません。

語学については、AIやロボットの登場でリアルタイムの自動翻訳も夢ではなくなっています。いまから必死になって勉強しなくても、近い将来はテクノロジーで十分対応ができるようになるでしょう。

ただし、実現には少なくとも数年はかかるでしょうし、**自身で読み、書き、会話ができればより深いコミュニケーションが取れる**ので、決して無駄にはなりません。

ただ、そのようなレベルに持っていくまでの時間を語学に使うのであれば、それよりも優先順位の高いスキルは他にもあるのではないかと思います。

ここまではビジネスに直接役立つスキルをあげてきましたが、技術や知識だけで仕事一辺倒では、人間としての厚みがなくなってしまいます。視野を広くするためにも、仕事にまったく関係ないことを趣味として、一つのことを極めるのはとてもいいことだと思います。

私は『年収の伸びしろは、休日の過ごし方で決まる』（朝日新聞出版）という本も出しているぐらい、オフの過ごし方を大切にしています。

常にランニングを続けていて、筋トレやゴルフもやっています。旅行にも行きますし、読書も好きです。近い将来は、まったく自信のない音楽に一度挑戦してみたいと思い、三味線とレッスン用のＤＶＤを買いそろえてありますが、残念ながらまだはじめることはできていません。趣味であっても、本気で遊ぶのが私の流儀です。

たとえば、経営者には歴史好きが多いといわれます。スピーチに歴史上の人物のエピソードを引用したり、歴史上の人物の名言を座右の銘にしたりしている経営者は大勢いるでしょう。当社にも大学でローマ史を本格的に学んでいた社員がおり、彼の話を聞いていると、人間には複雑な心理や葛藤といったものが昔からあることを実感し、とても勉強になります。

私のクライアントには、移動の車中で常に論語のＣＤを聞いている方がいらっしゃいます。その方は、社内で人間学を学ぶ勉強会を開いているそうです。私も彼の車に同乗させてもらったときに、一緒に聞きましたが、中国古典も大変興味深いものだと感じました。

仕事一辺倒の人は、きっと人間的な幅が狭くて、話していてもおもしろくないのではないでしょうか。多趣味で深い知識があるなら、部下も雑談しているだけでためになるはずです。そのような**深みのある人間になれたら、特別なことをしなくても部下はついてきてくれる**でしょう。

「深い知識」と「広い経験」を持つ

おわりに

本書では、「いまどき部下」のネガティブな面について多く触れてきました。

ただ、誤解しないでいただきたいのですが、私は「いまどきの若者はダメだ」と嘆いているわけではありません。むしろ、明るい展望を持っています。

この本を執筆している現在、当社のインターン生四名は、毎月無料で配るタブロイド誌を発行しています。内容はすべてインターン生に任せているのですが、彼ら自身で編集会議を開き、取材もして原稿を書き、紙面をつくっているのです。

彼らが取材する相手は同級生や後輩が多いのですが、興味深いアンケートがありました。「仕事に何を求めていますか?」というアンケートを取ったところ、五一%もの学生が「やりがい」と答えたのです。

アンケートに答えている学生は、一部の優秀な若者というわけではなく、超安定志向の若者が大半です。超安定志向の若者もやりがいを求めているのなら、仕事をうまく任せられれば、やがて自分の力で走れるようになるでしょう。本人たちは気づいていないと思いますが、やりがいは他者と関わることでしか生まれません。成果をあげたときに上司や取引先に褒められ、認められてこそ、生まれる感情です。

臆病であっても他人との関わりを無意識に求めているのなら、手を差し伸べればいい。意外としっかりしたコミュニケーションを築けるようになるかもしれません。

さらに、臆病で人の顔色をうかがってばかりいるということは、人の気持ちを深読みする力があるとも考えられます。いまの若者は一〇年後には部下を思いやり、全力でサポートするいい上司に育っているかもしれません。

みなさんがもし、いまの若者の言動や態度に戸惑ったとしても、すぐに突き放さずに「どうしたらうまく付き合えるか」を考えてみてください。

そうすればきっと、私と四人のインターン生のように、お互いにいい影響を与え合える関係が築けるはずです。

本書は、小社より刊行した単行本を文庫化したものです。

池本克之（いけもと・かつゆき）

組織学習経営コンサルタント。株式会社パジャ・ポス代表取締役、ＮＰＯ法人 Are You Happy? Japan 代表理事。

１９６５年神戸市生まれ。日本大学卒業後、マーケティング会社、通販会社の経営を経て、ドクターシーラボ、ネットプライスなどの社長を務める。年商３億円の企業をわずか４年で１２０億円にするなど、さまざまな企業の上場、成長に貢献し「成長請負人」と呼ばれる。経験に裏打ちされた「チームビルディング」「チームマネジメント」の手法は、「個人の力が最大限発揮されるチームになった」「部下がついてきてくれるようになった」などと高い評価を得ている。現在は７社の社外取締役を務めつつ、コンサルタントとして一部上場企業からベンチャー企業まで２００社以上を指導。

著書に『「すぐやるチーム」をつくるたった１つの考え方』『〝圧倒的信頼〟が手に入る営業ＰＤＣＡ』（以上、三笠書房）など多数。

知的生きかた文庫

「いまどき部下《ぶか》」を動《うご》かす39のしかけ

著　者　池本克之《いけもとかつゆき》

発行者　押鐘太陽

発行所　株式会社三笠書房

〒一〇二－〇〇七二　東京都千代田区飯田橋三－三－一

電話〇三－五二二六－五七三四〈営業部〉

〇三－五二二六－五七三一〈編集部〉

https://www.mikasashobo.co.jp

印刷　誠宏印刷

製本　若林製本工場

ISBN978-4-8379-8800-7 C0130

知的生きかた文庫

仕事も人間関係もうまくいく放っておく力

枡野俊明

いちいち気にしない。反応しない。関わらない――。わずらわしいことを最小限に抑えて、人生をより楽しく、快適に、健やかに生きるための、99のヒント。

超訳 孫子の兵法「最後に勝つ人」の絶対ルール

田口佳史

ライバルとの競争、取引先との交渉、トラブルへの対処……孫子を知れば、「駆け引き」と「段取り」に圧倒的に強くなる！ビジネスマン必読の書！

最高のリーダーは、チームの仕事をシンプルにする

阿比留眞二

すべてを〝単純・明快〟に――花王で開発され、著者が独自の改良を重ねた「課題解決メソッド」を紹介。この「選択と集中」マネジメントがあなたのチームを変える！

渋沢栄一 うまくいく人の考え方

渋沢栄一［著］
竹内 均［編・解説］

日本近代経済の父といわれた渋沢栄一による、中国古典『論語』の人生への活かし方。名著『実験論語処世談』が現代語訳でよみがえる！ ドラッカーも絶賛の渋沢哲学‼

気にしない練習

名取芳彦

「気にしない人」になるには、ちょっとした練習が必要。仏教的な視点から、うつうつ、イライラ、クヨクヨを〝放念する〟心のトレーニング法を紹介します。

C50452